职业教育财经商贸类专业教学用书

国际贸易实务

（第四版） 习题集

主　编　李小可

华东师范大学出版社

·上海·

图书在版编目（CIP）数据

国际贸易实务·习题集/李小可主编.—4版.—上海：
华东师范大学出版社,2019
ISBN 978－7－5675－7322－2

Ⅰ.①国…　Ⅱ.①李…　Ⅲ.①国际贸易－贸易实务－
职业教育－习题集　Ⅳ.①F740.4－44

中国版本图书馆 CIP 数据核字（2019）第 004714 号

国际贸易实务
习题集（第四版）

职业教育商贸、财经专业教学用书

主　　编　李小可
项目编辑　何　晶
特约审读　曹　勇
责任校对　劳律嘉
装帧设计　庄玉侠

出版发行　华东师范大学出版社
社　　址　上海市中山北路 3663 号　邮编 200062
网　　址　www.ecnupress.com.cn
电　　话　021－60821666　行政传真 021－62572105
客服电话　021－62865537　门市（邮购）电话 021－62869887
地　　址　上海市中山北路 3663 号华东师范大学校内先锋路口
网　　店　http://hdsdcbs.tmall.com

印 刷 者　常熟高专印刷有限公司
开　　本　787×1092　16 开
印　　张　6.25
字　　数　141 千字
版　　次　2020 年 1 月第 4 版
印　　次　2022 年 6 月第 4 次
书　　号　ISBN 978－7－5675－7322－2
定　　价　20.00 元

出 版 人　王　焰

前　　言（第四版）

本书是《国际贸易实务》（第四版）的配套习题集。国际贸易实务课程具有较强的实务操作性。为了使教学能够从理论联系到实际，锻炼学生分析问题和解决问题的能力，我们编写了这本习题集。习题集同步练习的题型包括名词解释、填空题、判断改错题、单项选择题、多项选择题、简答题、案例题等，还根据章节的特点设计了连线题、计算题、操作题。练习题的设计既注意了对各章知识点的全覆盖，又注意了对各章的重点问题从不同角度命题。

为配合教材的改版，此次对本书进行了相应的修改完善。

本书由李小可主编，何民乐、倪瑞娟担任副主编。参加编写的有：李小可（第一章、第八章、第九章），何民乐（第二章、第三章、第六章），倪瑞娟（第五章、第七章），蒋学莺（第十章、第十一章），苏昌蕾（第四章），赵东雪（第十二章）。全书最后由李小可总纂和统稿。

由于编者水平所限，本书可能存有不足之处，敬请专家同仁批评指教。

编　者
2020 年 1 月

目 录

MULU

目 录

第一章 绪 论

一、本章概要

在学习第一章的过程中要了解国际贸易实务课程的主要内容和国际贸易实务的一些重要概念。

第一节主要介绍了什么是国际贸易实务，国际贸易实务课程包含哪些主要内容，国际贸易实务课程的教学方法，并且在学习的过程中要注意指导原则、基础知识、相关知识的运用和把握。

第二节主要介绍了进出口贸易货物买卖的原则、进出口贸易货物买卖的特点、国际货物买卖合同的基本内容及适用的法律。让学生了解从事进出口贸易的人员，不仅必须掌握国际贸易的基本原理、基本政策，而且要掌握进出口贸易的基本知识和基本技能。

第三节主要介绍了进出口贸易管理机构的名称及其职能，进出口贸易商与相关部门的联系。要完成一笔贸易往来，需要一系列的业务程序，要和各个部门打交道，所以贸易商必须熟悉并且遵守其中的规则。

第四节主要介绍了进出口贸易的基本业务流程。可以用图示的方法帮助记忆。

二、本章学习要求提示

（一）本章学习重点

1. 国际贸易实务课程的主要内容。
2. 国际货物买卖合同的基本内容及适用的法律。
3. 进出口贸易管理机构的名称、职能以及相关部门之间的联系。
4. 进出口贸易的基本业务流程。

（二）本章学习要求

1. 识记国际贸易实务的基本概念。
2. 领会国际货物买卖合同的基本内容及适用的法律。
3. 学会运用相关法律来分析案例。

三、同步练习

（一）名词解释

1. 国内法

2. 国际条约

3. 国际贸易惯例

4. 国家发展和改革委员会

5. 商务部

6. 海关总署

7. 国家质量监督检验检疫总局

8. 国家外汇管理局

9. 国家税务总局

10. 国家工商行政管理总局

11. 国家知识产权局

（二）填空题

1. 国际贸易实务，又称＿＿＿＿＿＿＿＿＿＿或＿＿＿＿＿＿＿＿＿＿，它作为一门课程，专门研究的是商品跨国交易的理论、惯例、业务操作方法和技巧。

2. 国际货物买卖合同的主要条款，包括＿＿＿＿＿＿、＿＿＿＿＿＿、＿＿＿＿＿＿、＿＿＿＿＿＿、＿＿＿＿＿＿、＿＿＿＿＿＿。

3. 合同的标的主要包括＿＿＿＿＿＿、＿＿＿＿＿＿、＿＿＿＿＿＿和包装货物的价格。

4. 卖方的义务主要是涉及何时何地以何种方式＿＿＿＿＿＿，移交与货物有关的＿＿＿＿＿＿和转移货物的＿＿＿＿＿＿等。

5. 买方的义务主要是于何时以何种方式＿＿＿＿＿＿和＿＿＿＿＿＿。

6. 争议的预防与处理主要包括＿＿＿＿＿＿、＿＿＿＿＿＿、＿＿＿＿＿＿、＿＿＿＿＿＿的规定。

7. 我国法律对涉外经济合同的冲突规范，采用了"＿＿＿＿＿＿"的国际上的通用规则。

8. 目前被世界上绝大多数国家的贸易商和银行广泛使用的国际贸易惯例主要有：国际商会制订的＿＿＿＿＿＿、＿＿＿＿＿＿和＿＿＿＿＿＿。

9. 海关是进出口商品合法进出的必经通道。进出口商品要经过＿＿＿＿＿＿、＿＿＿＿＿＿、＿＿＿＿＿＿、＿＿＿＿＿＿后，才能实现真正意义的进出口。

10. 不论进口或出口交易，一般都包括＿＿＿＿＿＿、＿＿＿＿＿＿和＿＿＿＿＿＿三个阶段。

（三）**判断改错题**（先判断对错，错误的加以改正）

（　　）1. 国际贸易实务是一门研究有关国际货物买卖理论的课程。
改正：＿＿＿＿＿＿＿＿＿＿＿＿＿＿＿＿＿＿＿＿＿＿＿＿＿＿

（　　）2. 国际贸易按传统的定义，仅指货物的进出口，发展到今天，其业务范围已经扩大到包括服务的进出口。
改正：＿＿＿＿＿＿＿＿＿＿＿＿＿＿＿＿＿＿＿＿＿＿＿＿＿＿

（　　）3. 国际贸易术语主要包括常用的 6 种贸易术语和其他 7 种贸易术语。
改正：＿＿＿＿＿＿＿＿＿＿＿＿＿＿＿＿＿＿＿＿＿＿＿＿＿＿

（　　）4. 国际贸易与国内贸易相比，存在着不同的地域环境因素，因此，会产生对相同的业务方法理解不同的问题。
改正：＿＿＿＿＿＿＿＿＿＿＿＿＿＿＿＿＿＿＿＿＿＿＿＿＿＿

（　　）5. 当事人订立、履行合同是一种法律行为，有效的合同是一项法律文件，只有依法订立的合同，才对双方当事人具有法律约束力。
改正：＿＿＿＿＿＿＿＿＿＿＿＿＿＿＿＿＿＿＿＿＿＿＿＿＿＿

（　　）6. 国际货物买卖的每笔交易除了买卖双方之外，通常还需要得到国内运输、保险、海关、检验与检疫、银行、政府机关等部门的协作与配合。
改正：＿＿＿＿＿＿＿＿＿＿＿＿＿＿＿＿＿＿＿＿＿＿＿＿＿＿

（　　）7. 1980 年 1 月 1 日起《联合国国际货物销售合同公约》(United Nations Convention on Contracts for the International Sale of Goods, CISG)正式生效。
改正：＿＿＿＿＿＿＿＿＿＿＿＿＿＿＿＿＿＿＿＿＿＿＿＿＿＿

（　　）8. 国际贸易惯例不是法律，它对合同当事人没有普遍的强制性。
改正：_____

（　　）9. 对外贸易管理机构是进行对外贸易行政管理的国家经济管理机关。
改正：_____

（　　）10. 进出口贸易一般都包括交易前的准备、商订合同和履行合同三个阶段。
改正：_____

（四）单项选择题

（　　）1. 在国际贸易中占据最大比重的是_____。
A. 货物贸易　　　　B. 技术贸易　　　　C. 服务贸易　　　　D. 易货贸易

（　　）2. 在进出口贸易实践中，对当事人行为无强制性约束的规范是_____。
A. 国内法　　　　B. 国际法　　　　C. 国际贸易惯例　　　　D. 国际条约

（　　）3. 《联合国国际货物销售合同公约》确定货物交易国际性的标准是_____。
A. 买卖双方当事人营业地处于不同国家　　B. 买卖双方当事人具有不同国籍
C. 订立合同行为完成于不同的国家　　　　D. 货物必须由一国运往另一国

（　　）4. 全球最大的贸易商会是_____。
A. WTO　　　　B. 世界银行　　　　C. APEC　　　　D. 国际商会

（　　）5. 国际商会在中国的机构，即中国国际商会，就是_____。
A. 商务部　　　　　　　　　　B. 中国贸促会
C. 检验检疫局　　　　　　　　D. 中国进出口银行

（　　）6. 进出口贸易可以不涉及的行业部门是_____。
A. 海关　　　　B. 保险公司　　　　C. 运输公司　　　　D. 商业部门

（　　）7. 进出口贸易实务课程的最基本内容是_____。
A. 贸易术语　　　　B. 合同条款　　　　C. 合同制订　　　　D. 合同履行

（　　）8. 国际货物贸易中的风险不涉及_____。
A. 运输风险　　　　B. 价格波动风险　　　　C. 信用风险　　　　D. 汇率波动风险

（　　）9. 国际货物买卖合同的标的物是_____。
A. 股票　　　　B. 债券　　　　C. 票据　　　　D. 有形商品

（　　）10. 我国法律认可的进出口贸易合同的形式是_____。
A. 口头形式　　　　B. 书面形式　　　　C. 行为形式　　　　D. 其他形式

（五）多项选择题

（　　）1. 进出口贸易实务课程研究的对象包括_____。
A. 国与国之间货物买卖的有关原理　　B. 实际业务过程所经历的环节
C. 应遵循的法律和惯例等行为规范　　D. 实际业务的操作方法和技能

（　　）2. 在国际货物贸易中，承运人不仅提供运输服务，还提供_____。
A. 保险　　　　B. 检验　　　　C. 付款　　　　D. 报关

（　　）3. 进出口贸易实务研究的内容包括_____。

A. 贸易术语   B. 合同条款

C. 合同的商订和履行   D. 贸易方式

( )4. 在国际货物贸易中的经营者主要是_____。

    A. 买方   B. 承运人   C. 保险公司   D. 卖方

( )5. 在进出口贸易中,属于卖方义务的有_____。

    A. 如何交付货物   B. 转移与货物有关的单据

    C. 转移货物所有权   D. 报关缴纳进口税

( )6. 我国加入《联合国国际货物销售合同公约》提出保留的是_____。

    A. 关于公约适用内容的保留   B. 关于公约适用范围的保留

    C. 关于公约适用程度的保留   D. 关于合同形式的保留

( )7. 在国际货物贸易中,可以使用的法律包括_____。

    A. 国内法   B. 国际公约   C. WTO 协定   D. 国际贸易惯例

( )8. 在进出口贸易中,卖方的交货义务有_____。

    A. 交付货物   B. 进口报关并缴纳关税

    C. 转移货物所有权   D. 转移与货物有关的单据

( )9. 在进出口贸易中,买方的基本义务是_____。

    A. 接运货物   B. 收取货物

    C. 支付货款   D. 进口报关并缴纳关税

( )10. 在国际货物买卖合同中的标的条款中,主要包括的条款有_____。

    A. 商品的品名与品质   B. 商品的包装

    C. 商品的数量   D. 商品的价格

(六) 连线题(用线将 A、B 两边连接起来)

A	B
1. Buyer	1. 接收
2. Importer	2. 接受
3. Seller	3. 国际贸易惯例
4. Contracts for International Sale of Goods	4. 国际货物买卖合同
5. International Practice and Customs	5. 卖方
6. Accept	6. 进口商
7. Receive	7. 买方

(七) 简答题

1. 我国法律对涉外经济合同的冲突规范采用什么方法?

2. 简述国际货物买卖合同的特点。

3. 国际货物买卖合同由哪几部分构成?

4. 如果国际买卖合同发生纠纷,可以适用哪些有关法律?

(八) 案例分析

某货主委托某货代公司出运一批货物,自上海到香港。该货代公司代表货主向船公司订舱后取得提单,船公司要求该货代公司暂扣提单,直到该货主把过去拖欠该船公司的运费付清以后再放单。后该货主向某海事法院起诉该货代公司违反代理义务,擅自扣留提单造成货主无法结汇而产生巨额损失。

分析: 该货代公司对货主的损失是否承担责任? 为什么?

第二章 进出口贸易交易前的准备

一、本章概要

任何一笔进出口贸易在交易前都必须做好必要的准备工作,这样才能为贸易的顺利进行打好基础。本章以出口贸易为主,讲授进出口交易前的主要准备工作及相关的知识与技能。

第一节主要阐述交易前市场调研的基础知识:为什么要进行市场调研;主要调研哪些方面;通过什么渠道调研。这些都是在调研前必须掌握的。

第二节主要介绍如何寻找贸易伙伴、建立贸易合作关系。包括寻找客户的方式,如何对客户进行信用等调查。这些都关系到贸易伙伴的可靠性及合作的有效性。

第三节介绍贸易商及其产品如何进入目标市场,即通过什么样的贸易渠道完成交易。这里主要注意各种渠道的不同做法、相关法律规定及各渠道利弊的比较。

第四节主要讲授进出口贸易成本核算和制订进出口商品经营方案的方法。核算部分详细介绍了核算指标、核算方法,它有助于企业合理定价。后半部分则是通过实例讲解进出口商品经营方案的主要内容和制订方法。

第五节讲授进出口商品广告宣传和商标注册的知识。通过分析出口商品广告的特点、制作发布出口商品广告的渠道等,明确出口商品广告宣传的基本要求。同时,结合国际贸易中知识产权保护的要求,着重介绍出口商品商标注册的基础知识、一般要求和有关规定。

二、本章学习要求提示

(一) 本章学习重点

1. 国际市场调研的内容和途径。

对市场的了解是贸易商尤其是出口商进入国际市场的必要前提,学生必须掌握这一知识点。

2. 客户信用调查的内容和渠道。

对客户的信用调查关系到进出口贸易的风险和效益问题,是开展贸易的关键,也是学生必须重点掌握的内容。

3. 进出口商品成本核算。

这是进行贸易的必要准备,它关系到贸易能否实现最大效益的问题。

(二) 本章学习要求

1. 了解进出口贸易交易前准备工作的主要内容、市场调研和客户调查的主要内容和一般途径、进入国际市场的渠道及其利弊、国际商标注册的一般规定。

2. 认识市场调研和客户调查的重要意义、制订出口商品经营方案的意义、出口商品广告宣传和商标注册的重要性。

3. 学会建立贸易关系的方式、选择正确的贸易渠道、进出口贸易的成本和盈亏核算、出口商品经营方案的制订。

三、同步练习

（一）名词解释

1. 直接出口

2. 经销

3. 独家经销

4. 代理方式

5. 合作出口

6. 商标

（二）填空题

1. 进出口贸易交易前的准备工作主要有 _____、_____、_____、_____、_____、_____和_____。

2. 出口调研的目的主要是_____、_____和_____。

3. 国别地区调研主要调研目标市场的_____、_____和_____。

4. 市场调研的途径主要有_____、_____和_____。

5. 寻找客户的方式一般是_____、_____、_____和_____。

6. 信用调查的三个"c"是指_____、_____和_____。

7. 信用调查一般通过_____、_____、_____和_____四种渠道进行。

8. 直接出口有_____、_____和_____三种形式。

9. 出口成本核算主要通过_____、_____、_____和_____进行。

10. 国际商品广告的渠道有_____、_____和_____。

（三）判断改错题（先判断对错，错误的加以改正）

（   ）1. 进出口贸易前的市场调研有助于贸易的顺利进行和贸易风险的降低。
改正：_____

（   ）2. 一国的经济贸易状况直接影响它的进出口贸易，人口、自然条件则与贸易无关。
改正：_____

（   ）3. 出口商进入目标市场只要考虑同类商品的供求与竞争状况即可。
改正：_____

（   ）4. 进出口商要想寻找贸易伙伴必须去目标市场访问考察。
改正：_____

（   ）5. 对客户的调查首先要了解他的资本实力。
改正：_____

（   ）6. 独家经销能有效排除在同一地区和同一时间其他商人经营同类商品的权利。
改正：_____

（   ）7. 代理方式主要适用于最终用户分散、销售量大、需要做售前宣传和售后服务的商品。
改正：_____

（   ）8. 直接出口可以不承担汇率风险和信贷风险。
改正：_____

（   ）9. 间接出口有利于出口企业迅速获得有关信息及在海外市场建立自己的声誉。
改正：_____

（   ）10. 出口成本的核算有利于出口商改善外贸经营管理、节约各项费用开支和降低生产成本。
改正：_____

（   ）11. 进口商品盈亏率的核算首先要确定是盈还是亏。
改正：_____

（   ）12. 商品经营方案主要就是解决贸易的效益问题。
改正：_____

（   ）13. 如同俗话所言："酒香不怕巷子深"，好的商品不愁卖不掉。
改正：_____

（   ）14. 出口商品广告最好选择目标市场声誉好、业务强的广告代理商。
改正：_____

(　)15. 出口商品的商标注册前必须了解、熟悉销售市场的习俗和法律规定。

改正：_____

（四）单项选择题

(　)1. 一家贸易商要想进入一个新的市场,他首先必须_____。

    A. 寻找贸易伙伴   B. 选择贸易渠道

    C. 进行商品宣传   D. 进行市场调研

(　)2. 直接影响商品出口的国外因素是_____。

    A. 政治法律制度   B. 自然地理条件

    C. 经济贸易情况   D. 人口文化状况

(　)3. 能取得第一手资料的调研途径是通过_____。

    A. 媒介调研   B. 实地调研   C. 机构调研   D. 官方调研

(　)4. 传播面广、传播速度快的寻找客户的方式为_____。

    A. 刊登商业广告   B. 出国访问   C. 参加展销   D. 寄发信函

(　)5. 直接核算出出口贸易经济效益的指标是_____。

    A. 出口商品盈亏率   B. 出口商品换汇成本

    C. 出口商品总成本   D. 出口创汇率

(　)6. 比较有利的进口商品盈亏率的情况是_____。

    A. 比值为负数,比值小   B. 比值为正数,比值小

    C. 比值为正数,比值大   D. 比值为负数,比值大

(　)7. 表现力最强的广告形式为_____。

    A. 纸质媒体广告   B. 户外广告牌   C. 流动广告   D. 多媒体广告

（五）多项选择题

(　)1. 进出口贸易交易前的准备工作主要有_____。

    A. 市场调研   B. 寻找客户

    C. 选择贸易渠道   D. 成本核算

    E. 制订商品经营方案   F. 广告宣传和商标注册

(　)2. 出口市场调研的目的为_____。

    A. 寻找可能进入的市场   B. 寻找有利出口的市场

    C. 寻找能长期出口的市场   D. 寻找能独占的市场

(　)3. 对贸易伙伴的信用调查可以从_____入手。

    A. 人格与职业道德   B. 贸易经营能力

    C. 资本实力与财务状况   D. 贸易环境

(　)4. 信用调查的渠道主要有_____。

    A. 国外银行   B. 专业征信机构   C. 驻外使领馆   D. 老客户

(　)5. 在国际贸易中,直接出口的形式有_____。

    A. 经销方式   B. 代理方式

C. 合作出口　　　　　　　　　D. 直接销售给最终用户

（　）6. 出口商品广告的渠道为_____。

A. 报纸杂志　　　B. 户外广告牌　　　C. 媒体广告　　　D. 流动广告

（六）连线题（用线将 A、B 两边连接起来）

A	B
1. 媒介调查	1. 调查客户渠道
2. 银行	2. 直接出口
3. 刊登商业广告	3. 寻找客户方式
4. 经销方式	4. 市场调研渠道
5. 合作出口	5. 间接出口
6. 报纸杂志	6. 广告渠道

（七）简答题

1. 代理方式的利弊是什么？

2. 核算出口创汇率的意义是什么？

3. 国际广告的特点有哪些？

（八）计算题

1. 我国外贸公司出口一批货物到英国伦敦，出口销售外汇净收入 54,500 美元。这批货物的国内购进价为人民币 350,000 元（含增值税 17%），该外贸公司的费用定额率为 5%，出口退税率为 9%，结汇时银行外汇买入价为 1 美元折合人民币 6.52 元。试计算这笔出口交易的换汇成本、盈亏额和盈亏率。

2. 我国一出口商向日本出售一批商品，出口总价为 60 万美元 CIFC3% 大阪（含国外运费、保险费与佣金）。其中上海至大阪的运费和保险费占 10%，佣金率为 3%。这批商品的国内购进价为人民币 345 万元（含增值税 17%），该公司的经营费用为 4%，该出口商品的退税率为 8%，结汇时的中国银行美元买入价为 1 美元 = 6.60 元人民币。试计算该笔交易的换汇成本、盈亏额与盈亏率。

（九）案例分析

1. 我国 A 公司研制出一种市场前景很好的产品，但批量生产需要进口生产专用设备。在同国外生产该设备的知名厂商洽谈贸易条件时，对方报价均在 800 万美元以上，大大超过 A 公司的预算价格，未能成交。此时某国 B 公司主动向 A 公司报价 550 万美元，并且保证可以按 A 公司的技术要求供货。A 公司虽对该公司不甚了解，但由于实在无法找到合适的供货商，于是经过简单的洽谈后，便签署了合同。到交货时，B 公司只提交了价值 150 万美元的部分设备。在我方与其交涉后，B 公司以美元汇率变化为由，提出要求加价 150 万美元，并要延期交货。我方虽极为不满，但因合同已开始履行，又不能找到另外的供货商，只能答应对方提价 100 万美元，延期两个月交货。但在到期后，B 公司还是没有交齐设备，而此时信用证已到期，B 公司要求展期，由于各种原因，A 公司未能展期，B 公司以此为由，停止发货。后虽经法院判决 A 公司胜诉，但没有得到实质性经济补偿。最终 A 公司的生产被一拖再拖，造成了难以弥补的损失。

分析：我方在此案中应吸取什么教训？

2. 某年某月,我国某生产厂商向国家工商行政管理局提出商标注册申请,申请注册商标"秀马"牌,由英文"SILMAR"及其中文谐音"秀马"、两匹骏马图案组成。次年某月,经审理,国家工商行政管理局予以公告。在公告期的最后一天,外国某公司通过中国贸促会商标代理处向我工商行政管理局对商标提出异议,理由为:我厂商的商标"SILMAR"与该公司先注册的"SILMATE"文字商标极为相似,且发音也极其相似。基于上述理由,该公司要求"SILMAR"商标不能注册。

分析:该异议合理吗?

第三章 进出口贸易的交易条件（一）

一、本章概要

从本章开始介绍进出口贸易的交易条件。本章首先讲授进出口贸易的标的,即国际货物买卖合同的基本条件。

第一节主要介绍进出口商品品名、质量的基本知识和业务要点。首先介绍进出口商品的命名方法及应注意的事项,然后重点介绍进出口商品品质的规定方法及相应的注意要点,最后讲授合同中品质条款的制订技巧。

第二节主要讲授进出口商品数量方面的有关知识。讲解商品数量的计量方法,尤其是商品重量(实务中较普遍)的表示方法,最后着重介绍合同中数量条款的制订方法及要点。

第三节主要阐述进出口商品包装的基础知识和业务要求。从理论上说明包装对进出口商品的意义;介绍进出口商品包装的类型及其操作要求;介绍商品包装标志的识别、制作知识和合同中包装条款订立的主要内容和基本要求。

二、本章学习要求提示

（一）本章学习重点

1. 进出口商品品质的规定(表示)方法和品质条款。正确使用品质规定方法,不但能让买方确切了解其购买商品的质量,而且能使卖方的交货有据可依;品质条款则是贸易合同的主要条款,它关系到买卖双方交接货物的依据。

2. 进出口商品的计量方法是国际货物买卖中经常使用的,必须正确掌握;数量条款也是贸易合同的主要条款,其中关于数量机动幅度的规定在实际业务中非常实用,应牢固掌握。

3. 商品包装的操作要求关系到包装目的的实现,虽然业务要求较高,但还是需要牢固掌握;通过学习还应具备包装标志的识别与制作能力;包装条款的制订也是重点,需要熟练掌握。

（二）本章学习要求

1. 了解商品名称命名的方法及要求;商品品质的意义;商品数量的计量单位及其制度;商品包装的种类、作用,定牌中性和无牌中性。

2. 掌握进出口商品品质的规定方法及其使用时应注意的问题;进出口商品计重方法的使用;商品包装的操作要求和包装标志的识别与制作。

3. 学会进出口贸易合同中品质条款、数量条款和包装条款的制订。

三、同步练习

（一）名词解释

1. 代表性样品

2. 复样

3. 回样

4. 品质机动幅度

5. 溢短装条款

6. 公量

7. 运输标志

8. 中性包装

（二）填空题

1. 商品品质指的是商品的_____和_____的综合。
2. 用文字说明表示商品品质的具体方法有凭_____、_____、_____买卖,凭_____买卖,凭_____买卖和凭_____买卖。
3. 品质机动幅度条款的规定方法有:规定_____、规定_____和规定_____三种方法,工业品的品质机动一般以_____表示。
4. 国际货物买卖合同中的商品计重方法有:以_____计、以_____计,如合同中未规定用何种方法计重,则按惯例以_____计。
5. 数量机动幅度条款的规定有两种方法:一是规定_____,二是规定_____。

6. 商品运输包装的标志主要包括_____、_____、_____和_____。

7. 合同中的包装条款主要规定商品包装的_____和_____，有时还规定_____和_____。

（三）判断改错题（先判断对错，错误的加以改正）

( )1. 为了争取国外客户、扩大出口交易，在凭卖方样品买卖时，应选择品质最好的样品吸引对方成交。

改正：_____

( )2. 接国外买方来样后，卖方最好先向对方提供回样，经确认后再签约成交。

改正：_____

( )3. 在国际货物买卖合同中规定"中国东北大豆，含油量18%、含水量14%、杂质1%"有利于明确大豆品质。

改正：_____

( )4. 在品质机动幅度内，交货品质如有上下，一般不另行计算增减价格。

改正：_____

( )5. 国际货物买卖合同中对重量的规定可以采用"吨"这个计量单位。

改正：_____

( )6. 卖方交货数量如多于合同规定，买方有权拒收全部货物。

改正：_____

( )7. 运输标志的主要作用是方便运输，防止货物错发、错运。

改正：_____

( )8. 指示性标志是提醒有关操作人员注意人身安全。

改正：_____

( )9. 我国出口商品，除非买卖双方另有约定，在商品包装上应注明"中国制造"。

改正：_____

( )10. 进出口商品的包装费用一般由卖方向买方在商品价格外另外收取。

改正：_____

（四）单项选择题

( )1. 在凭卖方样品买卖时，卖方在寄出样品时应留存_____。
   A. 代表性样品　　　B. 对等样品　　　C. 复样　　　D. 参考样品

( )2. 适用于在造型上有特殊要求或具有色、香、味方面特征的商品，表示品质的方式应该采用_____。
   A. 凭规格买卖　　　　　　　　B. 凭产地名称买卖
   C. 凭商标牌名买卖　　　　　　D. 凭样品买卖

( )3. 成交机器、电器、仪器等商品时，一般采用_____表示其品质。
   A. 凭规格买卖　　　　　　　　B. 凭产地名称买卖
   C. 凭等级买卖　　　　　　　　D. 凭说明书买卖

( )4. 在以重量为计量单位的进出口贸易中，如采用"长吨"，是按_____计量。

　　　　　　　A. 英制　　　　　　　B. 美制　　　　　　　C. 法制　　　　　　　D. 公制

（　）5. 羊毛、生丝等经济价值较高，含水量不稳定的商品的成交，一般以_____计。
　　　　　　　A. 约定重量　　　　　B. 理论重量　　　　　C. 公量　　　　　　　D. 净重

（　）6. 对价值较高的商品，应从商品毛重中扣除_____计价。
　　　　　　　A. 约定皮重　　　　　B. 实际皮重　　　　　C. 习惯皮重　　　　　D. 平均皮重

（　）7. 按惯例，合同中如无特别规定，运输标志一般由_____提供。
　　　　　　　A. 买方　　　　　　　B. 卖方　　　　　　　C. 船方　　　　　　　D. 中间商

（　）8. 用于在装运中提醒有关人员注意商品安全的标志是_____。
　　　　　　　A. 运输标志　　　　　B. 指示性标志　　　　C. 危险品标志　　　　D. 磅码产地标志

（五）多项选择题

（　）1. 在国际货物买卖中，商品的品质可以用_____。
　　　　　　　A. 样品表示　　　　　　　　　　　　　B. 文字说明表示
　　　　　　　C. 样品和文字说明结合起来表示　　　　D. 尽可能用多种方式表示

（　）2. 用文字说明表示商品品质的方法有_____。
　　　　　　　A. 凭规格、等级、标准买卖　　　　　　B. 凭产地名称买卖
　　　　　　　C. 凭商标牌号买卖　　　　　　　　　　D. 凭文字说明和图样买卖
　　　　　　　E. 凭实物买卖

（　）3. 目前，在国际贸易中通常使用的度量衡制度有_____。
　　　　　　　A. 英制　　　　　　　B. 美制　　　　　　　C. 法制
　　　　　　　D. 公制　　　　　　　E. 西班牙制　　　　　F. 国际单位制

（　）4. 国际贸易中若卖方交货数量多于合同中规定的数量，按国际公约规定，买方
　　　　　　　可以_____。
　　　　　　　A. 拒收全部货物　　　　　　　　　　　B. 拒收多交部分货物
　　　　　　　C. 接收全部货物　　　　　　　　　　　D. 只能接收全部货物
　　　　　　　E. 只能接收合同规定的数量

（　）5. 进出口贸易中，中性包装是指在商品和包装上_____。
　　　　　　　A. 不能有卖方商标牌号　　　　　　　　B. 不能有买方商标牌号
　　　　　　　C. 有商标牌号但不注明生产国别　　　　D. 无商标牌号也无生产国别

（　）6. 国际标准化组织推荐使用的运输标志应包括_____。
　　　　　　　A. 收货人简称　　　　　　　　　　　　B. 货物到达的目的地（港）
　　　　　　　C. 参考号码　　　　　　　　　　　　　D. 件数号码
　　　　　　　E. 产地

（　）7. 根据不同情况，买卖合同中的"溢短装条款"下，不超出机动幅度范围的多交或少交
　　　　　　　的选择权_____。
　　　　　　　A. 只能归卖方　　　　B. 只能归买方　　　　C. 一般归卖方，也可归买方
　　　　　　　D. 还可以归承运人　　E. 不可归承运人

（　）8. 国际贸易合同的包装条款，一般包括_____。
　　　　　　　A. 包装材料　　　　　B. 包装方式　　　　　C. 包装费用　　　　　D. 运输标志

（六）连线题（用线将 A、B 两边连接起来）

A	B
1. duplicate sample	1. 公量
2. return sample	2. 凭规格买卖
3. sale by specification	3. 复样
4. gross for net	4. 运输标志
5. conditioned weight	5. 回样
6. more or less clause	6. 中性包装
7. shipping mark	7. 溢短装条款
8. selling packing	8. 以毛作净
9. neutral packing	9. 销售包装

（七）简答题

1. 用文字说明表示商品品质应分别注意哪些问题。

2. 在数量机动幅度内的交货数量差异应如何计价？

3. 哪些商品应采用中性无牌包装？

（八）案例分析

1. 我国某食品进出口公司向外国客商 A 成交一批农副产品,合同中对品质的规定用规格确定:水分最高 13%,杂质不超过 2%,交货品质以中国商品检验局品质检验为准。但在成交前,我食品进出口公司又向对方寄送过样品,并电告对方,成交货物与样品相似。装货前,中国商检局检验后签发了品质规格合格证书。在货物运抵国外后,外国客商 A 提出虽有品质规格合格证,但所交货物却比样品差,因此要求每公吨降价 8 欧元。我公司认为合同中规定的是凭规格交货,只要证明符合规格,就说明交货品质合格,不同意降价。对方遂请该国检验机构检验,并出具所交货物品质比样品低 2% 的检验报告,并重申我公司曾寄过样品,并发过电文表示成交货物与样品相似。据此提出索赔 1000 欧元的要求。我方再次拒赔,后由中国仲裁机构仲裁解决。但由于我食品公司未留存样品,虽不断陈述该商品不可能比样品低 2% ,仲裁机构也难以维护食品公司利益,还是以赔付品质差价而结案。

分析:从本案中我们应得到什么启示?

2. 我国土特产进出口公司与国外某公司达成一笔农副产品交易,合同规定某年第二季度交货,以信用证方式收付货款。我公司于 3 月下旬收到对方来证,证中规定 600 公吨货物由黄埔港运至国外某港,4 月份装 350 公吨增减 5% ,5 月份装 250 公吨增减 5% 。我公司原计划准备第二季度每月装 200 公吨,但现在信用证规定 4 月份要装 350 公吨,而 4 月份库存只有 332.5 公吨,好在信用证规定有 5% 的溢短装,算下来正好是 332.5 公吨。于是第一批装运 332.5 公吨。5 月份将信用证余量 267.5 公吨装运出口,并向银行交单议付。议付行审单后指出,信用证规定 5 月份装运 250 公吨,即使加上允许的溢装 5% ,也只有 262.5 公吨。审证不符,所以议付行不予议付。我公司认为两笔相加正好等于信用证中规定的 600 公吨,并未超量。经过几次来回,最后我公司才承认确实单证不符,最后经进口商同意,以削价 2% 了结此案。

分析:我公司为何最终吞下苦果呢?

3. 非洲某国向我国电子器件公司进口一批 29 英寸彩色电视机,双方商定价格为 CIF 某港每台 250 美元。我公司收到对方开来的信用证中对包装条款作了不同于合同的规定,即要求每台电视机用木箱包装,我公司为满足单证相符原则,就按对方要求答应给予木箱包装,按时装运。然后去电进口商要求每台加价 5 美元作为木箱包装费用,遭对方拒绝。我方几次去电宣称,电视机的报价按惯例只含纸箱包装费用,木箱包装属进口方额外要求,理应支付外加的包装费。对方还是只按合同价付款。我方提起仲裁,仲裁结果也不支持我方要求。这样我电子器件公司在这笔贸易中少收了 5 万美元(共成交 1 万台电视机)的包装费用。

分析:从本案中我们应得到什么启示?

第四章　进出口贸易的交易条件(二)

一、本章概要

价格条款是国际货物买卖合同中必不可少的条款,因为买卖双方最关心货物价格的高低。为了明确交易双方在国际货物交接过程中有关风险、责任和费用的划分问题,在谈判和签约时往往通过使用贸易术语来确定双方的责任。因此,恰当地运用贸易术语来明确当事人的基本义务和合理规定价格,具有十分重要的意义。

本章主要介绍贸易术语及其国际惯例;进出口商品的价格核算;合同中的价格条款。通过学习,要使学生了解有关贸易术语的含义和作用及有关的国际贸易惯例,掌握各种贸易术语的组成,引导学生运用基本知识选择适合的贸易术语;让学生学会使用不同的作价方法,灵活运用佣金和折扣,进行价格核算、制订价格条款。

第一节主要介绍了贸易术语、国际惯例的含义及主要贸易术语的有关国际惯例。着重分析了《2010 年国际贸易术语解释通则》中的 11 个贸易术语。

第二节先主要介绍进出口商品计价原则和计价方法、出口商品的价格构成、佣金和折扣、价格换算。其中,着重阐述了佣金和折扣的表示方法、计算、支付。

第三节主要分析了价格条款的内容,特别是其中商品单价的四个组成部分。

二、本章学习要求提示

(一) 本章学习重点

1.《2010 年国际贸易术语解释通则》中的 11 个贸易术语。

由于贸易术语较多,有些术语之间很相似,因而要全部掌握是有一定难度的。但是贸易术语是价格条款内容中最为重要的一个内容,所以学生在学习时,要做到对每一个术语都有了解,对于前 6 个贸易术语要能掌握,特别是它们之间的区别。

2. 佣金和折扣。

在实际业务中进行磋商和确定价格时,适当地运用佣金和折扣,可以调动中间商和买方推销经营我方出口货物的积极性,增强出口货物在国外市场的竞争力,从而扩大销售。所以, 学生在学习这两个内容时, 要深入掌握它们的表示方法和计算,并学会灵活运用。

(二) 本章学习要求

1. 识记贸易术语、国际惯例、佣金、折扣等概念。

2. 领会进出口商品计价原则和计价方法、出口成本核算、价格换算以及商品单价的四个组成部分等。

3. 分析各种贸易术语的区别、佣金和折扣的表示方法、计算等。

三、同步练习

（一）名词解释

1. 贸易术语

2. 国际贸易惯例

3. 完税后交货

4. 滑动价格

5. 佣金

6. 折扣

（二）填空题

1. _____是_____专门为解释 CIF 的性质、买卖双方所承担的责任、风险和费用的划分以及货物所有权转移的方式等而制订的。

2. 适用海运及内河运输的贸易术语有_____、_____、_____和_____。

3. 最早的《国际贸易术语解释通则》产生于_____年。

4. 在确定进出口商品价格时，必须遵守的计价原则有_____、_____、_____。

5. 在出口商品的价格构成中，通常包括三方面内容：_____、_____和_____。整个价格的核心是_____。

6.《2010 年通则》规定,在 FCA 术语下,若卖方在其货物所在地交货,卖方应负责_____;若卖方在任何其他地点交货,卖方不负责_____。

7. 最常用的三种"装运港交货"贸易术语是_____、_____、_____。

8. 在实际业务中,磋商和确定价格时,适当地运用_____和_____,可调动中间商和买方推销经营我方出口货物的积极性。

9. 根据《2010 年国际贸易术语解释通则》,D 组术语有_____、_____和_____ 3 个贸易术语。

（三）判断改错题（先判断对错,错误的加以改正）

（　　）1. 作为出口方,在选择贸易术语时应考虑安全收货这一因素。
改正:_____

（　　）2. EXW 术语下卖方承担最大责任。
改正:_____

（　　）3. CIFC2% 香港表示 CIF 香港包括 2% 折扣。
改正:_____

（　　）4.《2010 年通则》指出,应买方要求并由其承担风险和费用,卖方必须及时协助买方取得办理货物进口和(或)安排货物运至最终目的地所需的一切单证和信息,包括安全信息。
改正:_____

（　　）5.《1932 年华沙-牛津规则》解释了 Ex（point of origin）、FOB、FAS、C&F、CIF 和 Ex Dock 6 种贸易术语。
改正:_____

（　　）6. CIP 合同应该由买方办理投保手续。
改正:_____

（　　）7.《2010 年通则》中 FAS 术语要求买方办理出口清关手续。
改正:_____

（　　）8. 在出口商品的价格构成中,费用的核算最为复杂,包括国内的各种费用。
改正:_____

（　　）9. 目前,使用最广泛、内容最多、影响最大的有关贸易术语的国际惯例是国际商会为统一各种贸易术语的解释而制订的《国际贸易术语解释通则》。
改正:_____

（　　）10. 如果买方想采用铁路运输,愿意办理出口清关手续并承担其中的费用,可以采用 FCA 贸易术语。
改正:_____

（四）单项选择题

（　　）1. 由美国几个商业团体制订的,在美洲国家采用较多的是_____。
A.《1932 年华沙-牛津规则》
B.《1941 年美国对外贸易定义（修订本）》

C.《2010 年国际贸易术语解释通则》

D.《联合国国际销售合同公约》

（　）2. CFR 属于哪种贸易术语？

A. 装运港交货　　　　　　　　　　　　B. 出口国内陆交货

C. 目的港交货　　　　　　　　　　　　D. 进口国内地交货

（　）3. 在 FOB 条件下,若装船费用按照班轮的做法处理,由船方或买方承担有关费用,而卖方不承担装船的有关费用,则应在合同中规定_____。

A. FOB Liner Terms　　　　　　　　　B. FOB Under Tackle

C. FOB Stowed　　　　　　　　　　　D. FOB Trimmed

（　）4. 上海卖方报价一打衬衫为 15 美元,对香港买方最有利的报价条件为_____。

A. FOB 上海　　　B. CIF 香港　　　C. EXW 上海　　　D. CFR 香港

（　）5. 下列术语中适合各种运输方式的有_____。

A. FAS　　　　　B. FOB　　　　　C. CIF　　　　　D. DAF

（　）6. 按 CFR 条件达成的合同中的变形是为了解决_____。

A. 装船费用由谁负担　　　　　　　　B. 卸货费用由谁负担

C. 保险费用由谁负担　　　　　　　　D. 运费由谁负担

（　）7.《2010 年国际贸易术语解释通则》包括的贸易术语有_____。

A. 1 种　　　　　B. 6 种　　　　　C. 13 种　　　　D. 11 种

（　）8. CIF 和 CFR 贸易术语中,租船订舱责任承担方分别为_____。

A. 卖方/卖方　　　B. 卖方/买方　　　C. 买方/买方　　　D. 买方/卖方

（　）9. 在下列贸易术语中,应该由卖方办理进口报关手续的是_____。

A. FOB　　　　　B. EXW　　　　　C. FAS　　　　　D. DDP

（　）10. 按 FCA 价出口与按 CIP 价出口相比,卖方所承担的风险_____。

A. 要小　　　　　B. 要大　　　　　C. 一样　　　　　D. 无法比较

（五）多项选择题

（　）1. 为了减少风险、提高合同的履约率,可以采用的计价方法有_____。

A. 固定价格　　　B. 暂不固定价格　　　C. 暂定价格　　　D. 滑动价格

（　）2. 按照《2010 年国际贸易术语解释通则》的解释,采用 FOB 条件成交时,买卖双方风险划分的界限为_____。

A. 货物置于装运港船上　　　　　　　B. 取得被如此交付后的货物

C. 装运港船舷　　　　　　　　　　　D. 目的港船舷

（　）3. 向承运人交货的术语有_____。

A. FCA　　　　　B. CIF　　　　　C. CPT　　　　　D. CIP

（　）4. FOB 与 FCA 相比较,其主要区别有_____。

A. 适用的运输方式不同　　　　　　　B. 风险划分界限不同

C. 交货地点不同　　　　　　　　　　D. 出口清关手续及其费用的承担方不同

（　）5. 国际货物买卖合同中的单价构成部分通常包括_____。

A. 计量单位　　　B. 单位价格金额　　　C. 计价货币　　　D. 贸易术语

（　　）6. 下列术语中仅适用海运及内河运输的有_____。

    A. FAS   B. DAP   C. CIF   D. DAT

（　　）7. 上海某公司出口货物至纽约，其正确的报价（单价）表示应为_____。

    A. USD100 PER CARTON

    B. USD100 PER CARTON CIF NEW YORK

    C. USD100 PER CARTON FOB SHANGHAI

    D. USD100 PER CARTON CIF SHANGHAI

（　　）8. 下列关于我国出口单价表述错误的是_____。

    A. 每吨 1000 美元 FOB 上海   B. 每打 100 法国法郎 FOB 减 1% 折扣

    C. 每公吨 350 港元 CIF2% 香港   D. 每台 500 英镑 CFR 伦敦

（　　）9. CIF 术语可采用的变形有_____。

    A. CIF Liner Terms   B. CIF Landed

    C. CIF Ex Tackle   D. CIF Ex Ship's Hold

（　　）10. 与《2000 年通则》相比，《2010 年通则》主要的实质性改变是_____。

    A. 贸易术语由 13 种变为 11 种

    B. 贸易术语分类由 E、F、C、D 四组变为适用于各种运输、适用于海运和内水运输两类

    C. 在 FAS 和 DDP 术语下关于清关和支付关税的义务

    D. 在 FCA 术语下关于装货和卸货的义务

（六）连线题（用线将 A、B 两边连接起来）

A	B
1. FAS	1. 目的地交货
2. EXW	2. 完税后交货
3. CIF	3. 工厂交货
4. DAP	4. 船边交货
5. DDP	5. 成本、保险费和运费

（七）简答题

1. FOB、CFR、CIF 术语是国际贸易中普遍使用的三种贸易术语，试比较它们的异同点。

2. FCA、CPT、CIP 三种术语是分别从 FOB、CFR、CIF 三种术语发展而来,试对 FCA、CPT、CIP 与 FOB、CFR、CIF 进行比较。

3. CIF 价为什么不是真正的"到岸价"?

(八)计算题

1. 某产品每单位的购货成本是 60 元人民币,其中包括 17% 的增值税,若该产品出口有 13% 的退税,那么该产品每单位的实际采购成本是多少?(计算结果保留两位小数)

2. 已知某商品对外报价为每公吨 100 美元 CIF 香港。现港商要求改报 CFRC5% 香港,设保险费率为 1%,按发票金额的 110% 投保,我方应报价多少美元才能保持外汇净收入不变?请分别用中、英文写出报价条款。(计算结果保留一位小数)

（九）**案例分析**

1. A 公司向 B 公司出口一批货物,签订 CFR 合同,规定 A 公司于 2011 年 1 月 9 日将货物运至码头装船海运。但在汽车运输途中货物遇到车祸发生损失,因 CFR 是买方保险,A 公司要求 B 公司向保险公司索赔。

分析: A 公司能否得到赔偿?

2. 某合同出售一级大米 300 公吨,按 FOB 条件成交,装船时货物经公证人检验,符合合同规定的品质条件,卖方在装船后已及时发出装船通知。但航行途中由于海浪过大,大米被海水浸泡,品质受到影响。当货物到达目的港时,只能按三级大米的价格出售,因而买方要求卖方赔偿差价损失。

分析: 卖方对该项损失是否负责? 为什么?

第五章　进出口贸易的交易条件（三）

一、本章概要

在进出口贸易中,凡是涉及运输的买卖合同,都需要就货物的运输方式以及当事人双方在有关货物运输方面的责任作出安排。其中,海洋运输方式最为常用。由于进出口货物运输中存在风险,尤其是海洋运输风险较大,因此,需要通过保险来解决一旦遇到风险而带来的损失问题。

第一节主要讲授运输方式、装运单据及装运条款的知识。国际贸易中采用的运输方式有海洋运输、铁路运输、航空运输、国际多式联运等。学生要了解不同的地理条件决定了不同的运输方式,其中海洋运输方式最为常用。海洋运输相对应的单据是海运提单。在买卖合同中的装运条款要注意装运时间、装运港(地)和目的港(地)、分批装运和转船、装运通知的各项内容。

第二节主要讲授货物运输保险的种类及保险条款的知识。学生要了解货物运输保险的种类与进出口贸易的运输方式相对应,主要有海洋运输货物保险等。我国对外贸易海运货物保险一般按照中国人民保险(集团)公司的海运货物保险条款办理投保,但在特定情况下,也可以按照伦敦保险协会的"协会货物条款"办理投保。为了适应不同货物运输的需要,中国人民保险(集团)公司对于海运以外的其他运输方式下的货物运输也分别规定了保险条款。

二、本章学习要求提示

(一) 本章学习重点

1. 运输方式。

经常采用的运输方式有:海洋运输、铁路运输、航空运输、邮政运输、集装箱运输、大陆桥运输和国际多式联运等。学生在学习中要将它们的优缺点进行比较,从而了解它们的使用范围以及装运单据。

2. 货物运输保险。

货物运输保险的种类与进出口贸易的运输方式相对应,主要有海洋运输货物保险、陆上运输货物保险、航空运输货物保险、邮包运输货物保险。学生要掌握中国人民保险(集团)公司的保险条款及伦敦保险协会的保险条款。

(二) 本章学习要求

1. 识记各种运输方式的特点、分类,各种装运单据的名称,装运条款和保险条款的主要内容。

2. 领会海运提单的性质与作用,海洋运输保险的保障范围、保险险别及责任起讫;掌握货运保险的实务。

3. 学会运费、保险费的计算,并能用基本概念来分析一些进出口业务中的简单案例。

三、同步练习

（一）名词解释

1. 海洋运输

2. 班轮运输

3. 海运提单

4. 分批装运

5. 货物运输保险

6. 保险金额

7. 保险索赔

（二）填空题

1. 按照海洋运输船舶经营方式的不同,可分为_____运输和_____运输。

2. 租船运输方式包括_____、_____以及光船租船。

3. 班轮运输具有"四固定"的特点,即_____、_____、_____、_____。

4. 我国国际贸易中的铁路运输可分为_____和_____两种。

5. 国际航空运输的主要方式有_____、_____、_____和_____。

6. 装运时间的规定方法有_____、_____、_____。

7. 买卖合同中的装运条款包括：_____、_____、_____和_____。

8. 海运货物保险保障的风险为_____和_____，保障海上损失可分为_____和_____，保障的费用包括_____、_____、_____和_____。

9. 我国海洋运输货物保险的基本险别为_____、_____和_____。

10. 投保单的主要内容有_____、_____、_____、_____、_____和_____等。

（三）判断改错题（先判断对错，错误的加以改正）

（　）1. 班轮运输的特点决定了它适合于交货期集中的大宗交易。

改正：_____

（　）2. CIF 术语因不存在通知买方办理保险的问题，所以装船后可不向买方发通知。

改正：_____

（　）3. 凡装在同一航次、同一条船上的货物，即使装运时间和装运地点不同，也不作分批装运。

改正：_____

（　）4. 如合同中规定装运条款为"2011 年 7/8 月份装运"，那么我出口公司必须将货物于 7 月、8 月两个月内，每月各装一批。

改正：_____

（　）5. 根据《跟单信用证统一惯例》的规定，如果信用证中没有明确规定是否允许分批装运及转船，应理解为允许。

改正：_____

（　）6. 载货船舶失踪达半年以上，可以作推定全损处理。

改正：_____

（　）7. 按仓至仓条款，保险公司必须负责被保险货物一直送进收货人仓库为止。

改正：_____

（　）8. 海运基本险下，保险公司的责任起讫与海运战争险的责任起讫是不同的。

改正：_____

（　）9. 在发生保险责任事故时，被保险人一旦发现，就有义务进行救助。

改正：_____

（四）单项选择题

（　）1. 国际贸易中最主要的运输方式是_____。

　　A. 航空运输　　　　B. 铁路运输　　　　C. 海洋运输　　　　D. 公路运输

（　）2. 适合于体轻、价高或急需商品的运输，其方式为_____。

　　　　　　A. 铁路运输　　　　B. 公路运输　　　　C. 航空运输　　　　D. 集装箱运输

（　）3. 在合同中规定"允许转船"对_____有利。

　　　　　　A. 船公司　　　　B. 进口方　　　　C. 出口方　　　　D. 保险公司

（　）4. 我国内地经铁路供应港澳地区的货物，交银行收汇的运输凭证是_____。

　　　　　　A. 国际铁路联运单　　　　　　　　B. 国内铁路联运单

　　　　　　C. 承运货物收据　　　　　　　　　D. 多式联运单据

（　）5. 下列_____表示"装船提单"的日期。

　　　　　　A. 货于 5 月 24 日送交船公司　　　　B. 货于 6 月 24 日全部装完

　　　　　　C. 货于 6 月 4 日开始装船　　　　　D. 货于 6 月 4 日到达目的港

（　）6. 按国际惯例，合同中若无另外规定，则 CIF 术语下卖方应负责替买方投保_____。

　　　　　　A. 战争险　　　　B. 一切险　　　　C. 平安险　　　　D. 水渍险

（　）7. 在我国《海洋运输货物保险条款》中规定承保范围最大的基本险别是_____。

　　　　　　A. 平安险　　　　B. 水渍险　　　　C. 一切险　　　　D. 罢工险

（　）8. 在货物运抵目的地全部卸离运输工具后满 30 天，保险责任即终止。这是_____。

　　　　　　A. 海运基本险　　　B. 空运基本险　　　C. 陆运基本险　　　D. 邮运基本险

（　）9. 保险责任起讫不适用仓至仓条款的是_____。

　　　　　　A. 海运基本险　　　B. 空运基本险　　　C. 陆运基本险　　　D. 邮运基本险

（　）10. 如按国际惯例，保险金额一般_____。

　　　　　　A. 由卖方确定　　　　　　　　　　B. 由买方确定

　　　　　　C. 由保险人确定　　　　　　　　　D. 按 CIF 的 110% 计

（五）多项选择题

（　）1. 国际贸易中的租船运输包括_____。

　　　　　　A. 定程租船　　　　B. 定期租船　　　　C. 班轮运输　　　　D. 光船租船

（　）2. 在国际贸易中，开展以集装箱运输的国际多式联运，有利于_____。

　　　　　　A. 简化发运手续　　　B. 加快货运速度　　　C. 降低运输成本　　　D. 提高货运质量

（　）3. 装运期的规定办法通常有_____。

　　　　　　A. 明确规定具体的装运期限　　　　B. 规定在收到信用证后若干天

　　　　　　C. 规定在某一天装运　　　　　　　D. 笼统规定近期装运

（　）4. 海运货物保险保障的风险有_____。

　　　　　　A. 海上自然灾害　　B. 海上意外事故　　C. 一般外来风险　　D. 特殊外来风险

（　）5. 在海上保险业务中，构成被保险货物实际全损的情况有_____。

　　　　　　A. 货物全部灭失　　　　　　　　　B. 货物全部损坏

　　　　　　C. 载货船舶失踪达半年以上　　　　D. 货物价格下跌

（　）6. 根据我国《海洋运输货物保险条款》的规定，能够单独投保的险别有_____。

　　　　　　A. 平安险　　　　B. 战争险　　　　C. 水渍险　　　　D. 一切险

（　）7. 在被保险货物运抵目的地全部卸离运输工具后满 60 天，保险责任即告终止。这属于_____。

　　　　　　A. 海运基本险　　　B. 空运基本险　　　C. 陆运基本险　　　D. 邮运基本险

（ ）8. 保险索赔时，被保险人需要向保险公司提供_____。

    A. 检验证书   B. 合同   C. 保险单   D. 商业发票

（六）连线题（用线将 A、B 两边连接起来）

A	B
1. 班轮提单	1. 班轮运输
2. 国际铁路联运运单	2. 对香港地区的铁路运输
3. 承运货物收据	3. 国际铁路联运
4. 实际全损	4. 收回货物所有权的费用超过货物原值
5. 推定全损	5. 被保险货物在运输途中完全灭失
6. 基本险	6. 战争险
7. 附加险	7. 平安险

（七）简答题

1. 为什么海洋运输是进出口贸易运输的主要方式？

2. 什么是班轮运输和租船运输？

3. 什么是国际多式联运？

4. 我国海洋运输货物保险的基本险别有哪三种？

5. 现行伦敦保险协会的海运货物保险条款有哪些条款？这些险别能否单独投保？

（八）计算题

1. 某商品采用纸箱包装，每箱毛重 30 千克，体积 0.05 立方米。原报价每箱 30 美元 FOB 上海，对方要求改报 CFRC2% ××港。在不减少收外汇额的条件下，我方应报价多少？（该商品计费标准为 W/M，每运费吨基本费率为 200 美元，到××港加收港口附加费 10%）

2. 我国某公司出口到海湾国家 A 国商品 100 箱，每箱长 40 厘米、宽 30 厘米、高 20 厘米，毛重为 30 千克，经查该商品货物分级表规定计算方式为 W/M，等级为 10 级，又查得运费率为 222 美元，另外加收港口附加费 10%，则我公司应付船公司多少运费？

3. 某公司出口箱装货物一批，报价为每箱 35 美元 CFR 利物浦，英国人要求改报 FOB 价。已知，该批货物每箱长 45 厘米、宽 40 厘米、高 25 厘米，每箱毛重 35 千克，商品计费标准为 W/M，每运费吨基本运费率为 120 美元，并加收燃油附加费 20%，货币附加费 10%。我方应报价多少？

4. 我国某公司出口一批商品到美国，货价为 10000 美元，运费为 800 美元，投保一切险与战争险，按 CIF 价加一成投保，查得一切险费率为 5‰，战争险费率为 0.5‰，试问 CIF 价应为多少？其中保险费为多少？

1. 某公司按 CIF 条件出口 45 头的银铃牌餐具 100 箱,投保平安险。在装船时有 10 箱因吊钩脱落而落海。

分析:这一损失是否可向保险公司索赔? 为什么?

2. 我国某出口公司按 CFR 条件向日本出口红豆 250 公吨,合同规定卸货港为日本口岸。发货时,正好有一船驶往大阪,我公司打算租用该船,但装运前,我方主动去电询问哪个口岸卸货时,正值货价下跌,日方故意让我方在日本东北部的一个小港卸货,我方坚持要在大阪、神户卸货。双方争执不下,日方就此撤销合同。

分析:我方的做法是否合适? 日本商人是否违约?

3. 某年 7 月 21 日,当日 500 公吨白糖被卸下,港口管理部门将货物存放在其所属的仓库中,C 公司开始委托他人办理报关和提货的手续,7 月 24 日晚,港口遭遇特大海潮,200 公吨白糖受到浸泡,全部损失。C 公司向保险公司办理理赔手续时被保险公司拒绝,理由是 C 公司已将提单转让,且港口仓库就是 C 公司在目的港的最后仓库,故保险责任已终止。

分析:保险公司的保险责任是否在货物进入港口仓库或 C 公司委托他人提货时终止?

4. 我国某外贸公司与德国某进口商达成一项皮衣出口合同,价格条件为 CIF 汉堡,支付方式为不可撤销信用证,投保协会保险条款 ICC(A)险。生产厂家在生产的最后一道工序将皮衣的湿度降低后,用牛皮纸包好装入双层瓦楞纸箱,再装入集装箱。货物到达目的港后,检验结果表明,全部货物湿、霉、玷污、变色,损失高达 80,000 美元。据分析,该批货物出口地天气没有异常热,进口地天气也没有异常冷,完全属于正常运输。

分析:(1) 保险公司对该批货物是否负有赔偿责任? 为什么?

(2) 进口商对受损货物是否应支付货款? 为什么?

5. 我方向澳大利亚出口坯布 100 包。我方按合同规定加一成投保水渍险。货物在海运途中因舱内食用水管漏水,致使该批坯布中的 30 包浸有水渍。

分析:此损失应向保险公司索赔还是向船公司索赔?

第六章 进出口贸易货款的收付

一、本章概要

在国际贸易中,货款的收付活动直接决定了贸易的成功与否。买方支付货款的前提是收到了符合合同规定的货物,卖方按规定收到货款,才表明销售任务的完成。而货款收付的工具及方式又影响到收付活动本身的安全性与效率,本章主要就是讲授贸易货款收付的工具及方式。

第一节介绍国际贸易货款收付中使用的工具。最初使用货币完成结算(收付),而国际贸易由于涉及两国以上,所以介绍外汇知识,包括外汇的构成,货币的兑换。本节着重介绍的是当前货款收付中普遍使用的工具——票据,包括汇票、本票和支票的基本知识和业务要求。

第二节讲授贸易货款收付方式中较传统的汇付。讲授汇付的基本知识和操作要点。

第三节介绍贸易货款收付中的托收方式。介绍托收的种类、业务流程、所含风险及注意点。

第四节阐述目前贸易货款收付中使用最普遍的信用证。阐述信用证的当事人及其关系、信用证的内容、收付程序、特点与作用等业务知识。

第五节介绍贸易货款收付中各种方式的选用。主要介绍贸易双方选用收付方式的基本立场及利弊。最后,介绍各种收付方式下收付条款(在合同中)的订立方法。

二、本章学习要求提示

(一) 本章学习重点

1. 汇票及其使用程序。

汇票是贸易货款结算中使用最多的票据,应该了解它的使用程序,知道它各个当事人的义务。

2. 汇付、托收及信用证方式的收付程序、信用性质及风险特征。

认识各种收付方式的信用性质及风险特征有助于收付方式的正确选用,而收付程序的掌握也利于结算的进行。

(二) 本章学习要求

1. 了解自由外汇及货币兑换的原理;票据、汇付、托收、信用证的含义;各种收付方式的当事人及其关系等。

2. 认识票据的作用,各种收付方式的信用性质及风险特征,选用收付方式的原则。

3. 掌握汇票的使用程序、各种收付方式的流转程序;学会选用不同的收付方式以及各种收付方式条款的订立。

三、同步练习

（一）名词解释

1. 汇票

2. 背书

3. 承兑

4. 汇付

5. 付款交单

6. 信用证

（二）填空题

1. 汇票的使用一般要经过_____、_____、_____和_____四个环节。若要转让,还需_____。

2. 除汇票外,国际贸易货款结算中的票据还有_____和_____。

3. 汇付按银行通知的不同方式,可以分为_____、_____和_____。

4. 托收方式按是否随附单据,分为_____和_____两种,其中随附单据的托收又分为_____和_____。其中_____比_____风险小。

5. 信用证方式的主要当事人有_____、_____、_____、_____、_____和_____。

（三）判断改错题（先判断对错,错的加以改正）

(   )1. 为避免风险,在贸易结算中应争取收"硬"付"软"。

改正：_____

（　　）2. 根据出票人的不同,汇票可分为即期汇票和远期汇票。
改正：_____

（　　）3. 银行汇票都是光票,商业汇票都是跟单汇票。
改正：_____

（　　）4. 汇付方式是债务人通过银行向债权人汇款,因此属于银行信用。
改正：_____

（　　）5. D/P是银行以进口商付款作为交单的条件。因此,出口商是没有风险的。
改正：_____

（　　）6. D/A与远期D/P都是先承兑后付款,因此对进出口商意义相同。
改正：_____

（　　）7. 信用证方式下,只要受益人向银行提交了符合信用证规定的单据,议付行就应向受益人付款、承兑或议付。
改正：_____

（　　）8. 信用证方式下,一旦受益人不能从进口商处收回货款,他就可以要求银行支付。
改正：_____

（　　）9. 在延期付款方式中,货物所有权一直到进口方付清货款,才转移给进口方。
改正：_____

（　　）10. 国际贸易货款结算不能同时采用几种支付方式。
改正：_____

（四）单项选择题

（　　）1. 由银行签发的、以某贸易公司为受票人的汇票是_____。
A. 商业汇票　　　　B. 银行汇票　　　　C. 跟单汇票　　　　D. 承兑汇票

（　　）2. 汇票上注明"Pay at ×× days after date of draft",意指_____。
A. 见票即付　　　　　　　　　　B. 提单日后某某天付
C. 出票日后某某天付　　　　　　D. 在某某日付

（　　）3. 使汇票能安全转让的抬头方式是_____。
A. 限制式抬头　　　B. 持票人抬头　　　C. 来人抬头　　　　D. 指示式抬头

（　　）4. 票面金额高于支票签发人在付款银行存款总额的支票,被称为_____。
A. 银行支票　　　　B. 现金支票　　　　C. 空头支票　　　　D. 保付支票

（　　）5. 汇付方式中,出口商应争取使用_____。
A. 电汇　　　　　　B. 信汇　　　　　　C. 即期票汇　　　　D. 远期票汇

（　　）6. 对进口商风险最大的汇付方式是_____。
A. 货到付款　　　　B. 预付货款　　　　C. 分期付款　　　　D. 延期付款

（　　）7. 托收方式中,对出口商风险最小的是_____。
A. 远期D/P　　　　B. 即期D/P　　　　C. D/A　　　　　　D. D/P·T/R

（　　）8. 信用证方式的第一付款人应是_____。
A. 开证银行　　　　B. 议付银行　　　　C. 通知银行　　　　D. 进口商

（　）9. 当信用证条款与合同不一致时,受益人应该_____。

    A. 按信用证办   B. 按合同办

    C. 都不照办   D. 修改合同或信用证

（　）10. 出口商选择收付方式,首先应考虑_____。

    A. 收汇安全   B. 手续简便   C. 费用便宜   D. 贸易关系

（五）多项选择题

（　）1. 现代国际贸易结算使用的工具有_____。

    A. 货币   B. 汇票   C. 本票   D. 支票

（　）2. 一张汇票根据票面记载,可以是_____。

    A. 银行汇票   B. 即期汇票   C. 银行承兑汇票   D. 跟单汇票

（　）3. 本票的当事人有_____。

    A. 出票人   B. 收款人   C. 付款人   D. 承兑人

（　）4. 汇付方式的当事人有_____。

    A. 汇入行   B. 收款人   C. 汇款人   D. 付款行

（　）5. 根据代收行向付款人交单方式的不同,托收可以分为_____。

    A. 光票托收   B. 付款交单

    C. 承兑交单   D. 凭信托收据借单

（　）6. 属于商业信用的货款收付方式有_____。

    A. 信用证   B. 托收   C. 汇付   D. 汇款

（　）7. 信用证方式的作用是_____。

    A. 提供资金融通   B. 提供银行信用

    C. 提供商业信用   D. 提供银行担保

（　）8. 国际贸易货款收付方式有_____。

    A. 汇付   B. 托收

    C. 信用证   D. 各种收付方式结合使用

（六）连线题（用线将 A、B 两边连接起来）

A	B
1. exchange rate	1. 承兑
2. promissory note	2. 汇付
3. acceptance	3. 汇率
4. remittance	4. 本票
5. T/T	5. 受益人
6. collection	6. 信用证
7. D/P	7. 电汇
8. L/C	8. 议付
9. beneficiary	9. 付款交单
10. negotiation	10. 托收

1. T/T 与 M/T 有什么区别?

2. 以 D/P 方式收款,出口商有风险吗?

3. 信用证的主要内容有哪些?

（八）案例分析

1. 某外贸公司一位业务员与外商达成一笔服装出口交易,双方商定货款的结算使用美元电汇支付。外贸公司发货后半月,收到外商电汇付款的银行收据传真件,当即书面指示船公司将货物放给提单上的通知人。外商将货提走后,我外贸公司却一直未接到银行的取款通知。经查才知道外商在银行办理了电汇付款的手续后,取得了银行收据,即传真给我外贸公司,待提货后马上去银行撤销了这笔电汇付款,造成了我外贸公司近 10 万美元的损失。

分析:

2. 我 A 公司出口一批农产品,总价值 65 万美元。双方谈妥付款条件为卖方开立见票后30 天付款的跟单汇票,买方于首次提示时承兑,承兑时即可获得运输单据,然后于汇票到期时付款。A 公司于装运货物后即备齐全套单据向托收行办理 D/A 30 天到期的托收手续,托收行以进口地某银行作为代收行,并寄票委托其收款。一个月后,买方来电称,货已到目的港多日,但其往来银行未收到托收单据。A 公司即复电告知一月前已办妥托收手续并寄出单据。一周后,买方又来电称,他的往来银行还未收到托收单据。这时托收行也接到国外代收行电讯,称托收指示书上的付款人地址不详,无法办理收款,请速告处理方法。后来经过查实,是 A 公司业务经办人未将代收行的详细地址告诉审证人员,致使有关文件漏打付款人地址。A 公司立即请托收行电告代收行付款人地址或将有关手续转交买方往来银行代收。但数日后接到代收行拒付通知:由于单据的延误,未能按时提走货物,货物因雨淋受潮,且被存入费用昂贵的海关仓库,故付款人拒绝承兑付款。最后该货只能以降价处理了结。

分析:

3. 美国一公司向印尼某商人购买一批香料。美国该公司请美国银行开出一张以印尼商人为受益人的不可撤销即期信用证,并通过一家印尼银行通知印尼卖方。由于印尼通知行未看清信用证,将信用证对单证的要求中由"检验人们"(experts)出具的检验证书通知成由"一个检验人"(expert)出具的检验证书。因此在印尼卖方向银行议付提交的单证中,包括一份一个检验人出具的检验证书,印尼银行议付了货款。美国开证行在收到单证后,发现单证不符,拒绝付款。同时印尼商人发货时又以次充好,欺骗买方。货物到达目的港后,买方拒收货物,并由于美国银行拒受单证,买方也拒付货款。印尼银行则要求美国银行和买方付款,双方发生争执。

分析:印尼银行有向美国银行或美国买方追索货款的权利吗?

第七章　进出口贸易纠纷的预防和处理

一、本章概要

第一节主要讲授商品检验的概念、类型、过程及检验条款。学生要了解商品检验的含义和重要性,以及检验机构、检验证书、商品检验时间和地点等内容;熟悉商品检验条款的内容。进出口货物检验是买卖双方交接货物过程中必不可少的重要业务环节。

第二节主要讲授索赔、理赔的有关内容及索赔条款。学生要了解违约的种类及处理方法,了解索赔条款和罚金条款的意义和内容。了解索赔与理赔中应注意的问题。

第三节主要讲授不可抗力的概念、认定、处理及不可抗力条款。学生要重点掌握不可抗力条款的性质与范围,以及不可抗力的规定方法。

第四节主要讲授解决争议的方法及仲裁的概念、仲裁协议的形式和仲裁协议的作用、仲裁形式和机构、仲裁程序和仲裁条款。学生要掌握解决国际贸易争端的不同方式,尤其是仲裁的含义、作用,仲裁协议的形式与作用,以及仲裁的程序与仲裁裁决的执行等内容。

二、本章学习要求提示

(一)本章学习重点

1. 进出口商品检验条款的规定。

检验条款的内容一般包括:有关复验权的规定;检验或复验时间和地点;检验机构;检验项目和检验证书等。学生在学习时必须掌握这些具体内容。

2. 索赔条款的订立方法及索赔、理赔时应注意的问题。

索赔条款有两种规定方式:一种是异议与索赔条款;另一种是罚金条款。通过学习,学生应掌握订立索赔条款的方法,以及索赔与理赔中应注意的问题。索赔时应注意的问题有四个方面;理赔时应注意的问题有三个方面。

3. 不可抗力事件的认定,制订不可抗力条款的意义与内容。

一项致使合同不能履行或不能按期履行的意外事件能否被视为不可抗力,不是由当事人说了算的,而是要看该项事件是否符合构成不可抗力的三个条件。不可抗力条款是免责条款。在合同中订立不可抗力条款,就是为了确定违约当事人免责的合法性。通过学习,学生应掌握其意义和内容。不可抗力条款一般包括:不可抗力的范围、不可抗力的处理原则和方法、不可抗力发生后通知对方的期限和方法,以及出具证明文件的机构等。

4. 仲裁协议。

仲裁协议是双方当事人自愿将他们之间的争议提交仲裁机构解决的一种协议。学生应了解仲裁协议的形式虽然不同,但法律作用和效力是相同的。

(二)本章学习要求

1. 识记商品检验、索赔、理赔、不可抗力和仲裁的概念;检验条款、索赔条款、不可抗力条款和仲裁条款的主要内容。

2. 领会法定检验和公证鉴定的区别,索赔条款的订法,不可抗力事件的认定,仲裁协议的两种形式。

3. 分析检验时间和地点的确定对进出口双方的影响,索赔、理赔时应注意的问题,不可抗力的处理方法,解决争议的四种方法。

三、同步练习

(一)名词解释

1. 争议

2. 法定检验

3. 重大违约

4. 索赔与理赔

5. 不可抗力

6. 仲裁协议

(二)填空题

1. 商品检验的一般过程为_____、_____、_____和_____。

2. 检验条款的内容一般包括＿＿＿＿＿＿＿＿＿＿＿、＿＿＿＿＿＿＿＿＿＿＿＿、
＿＿＿＿＿＿＿＿＿＿＿、＿＿＿＿＿＿＿＿＿＿＿。

3. 在进出口贸易中,索赔的对象一般为＿＿＿＿＿＿、＿＿＿＿＿和＿＿＿＿＿＿。

4. 索赔条款有两种方式,一是＿＿＿＿＿＿＿＿＿＿＿;二是＿＿＿＿＿＿＿＿＿＿＿。

5. 不可抗力条款属于＿＿＿＿＿＿条款。

6. 一般公认的不可抗力事件包括两个方面:＿＿＿＿＿＿＿＿＿;＿＿＿＿＿＿＿＿＿。

7. 合同中的不可抗力条款根据对不可抗力事件范围规定的不同方法,有三种订法,分别是＿＿＿＿＿＿＿、＿＿＿＿＿＿＿和＿＿＿＿＿＿＿。

8. 合同中的仲裁条款包括＿＿＿＿＿＿＿＿、＿＿＿＿＿＿＿＿、＿＿＿＿＿＿＿＿等内容。

9. 进出口货物买卖中发生争议,其解决方法有＿＿＿＿＿＿、＿＿＿＿＿＿、
和＿＿＿＿＿＿。

(三)判断改错题(先判断对错,错误的加以改正)

( )1. 法定检验与公证鉴定的主要区别在于检验方法是否一致。
改正:＿＿＿＿＿＿＿＿＿＿＿＿＿＿＿＿＿＿＿＿＿＿＿＿＿＿＿

( )2. 商品检验条款中对买方复验期限的规定即对买方受损后索赔期限的规定。
改正:＿＿＿＿＿＿＿＿＿＿＿＿＿＿＿＿＿＿＿＿＿＿＿＿＿＿＿

( )3. 对违约的处理办法应根据违约的性质进行处理。
改正:＿＿＿＿＿＿＿＿＿＿＿＿＿＿＿＿＿＿＿＿＿＿＿＿＿＿＿

( )4. 一方违约,另一方随时有权向违约方索赔。
改正:＿＿＿＿＿＿＿＿＿＿＿＿＿＿＿＿＿＿＿＿＿＿＿＿＿＿＿

( )5. 逾期提赔是无效的。
改正:＿＿＿＿＿＿＿＿＿＿＿＿＿＿＿＿＿＿＿＿＿＿＿＿＿＿＿

( )6. 不可抗力事件发生后对合同的处理与不可抗力事件的原因有关。
改正:＿＿＿＿＿＿＿＿＿＿＿＿＿＿＿＿＿＿＿＿＿＿＿＿＿＿＿

( )7. 不可抗力条款订立后,违约的一方就可免除违约责任。
改正:＿＿＿＿＿＿＿＿＿＿＿＿＿＿＿＿＿＿＿＿＿＿＿＿＿＿＿

( )8. 合同中若未订立仲裁条款,发生争议后,就不能用仲裁方式解决。
改正:＿＿＿＿＿＿＿＿＿＿＿＿＿＿＿＿＿＿＿＿＿＿＿＿＿＿＿

( )9. 买卖双方为解决争议而提请仲裁时,必须向仲裁机构递交仲裁协议,否则,仲裁机构不予受理。
改正:＿＿＿＿＿＿＿＿＿＿＿＿＿＿＿＿＿＿＿＿＿＿＿＿＿＿＿

(四)单项选择题

( )1. 若使买方在目的港对所收货物无权提出异议,商品检验应规定＿＿＿＿＿＿＿＿。
A. 以离岸品质、数量为准　　　　　　B. 以到岸品质、数量为准
C. 以离岸品质、到岸数量为准　　　　D. 以到岸品质、离岸数量为准

( )2. 进出口贸易合同中,对商品检验时间与地点的规定,使用最多的是＿＿＿＿＿＿＿＿。
A. 在出口国检验

B. 在进口国检验

C. 在出口国检验,在进口国复验

D. 在出口国检验,在进口国复验,再到第三国检验

( )3. 卖方向买方交付了清洁提单,买方收到货物发现受损后可向_____索赔。

　　A. 卖方或船方　　　B. 卖方或保险人　　　C. 卖方　　　　　　　D. 船方或保险人

( )4. 一方轻微违约,按国际惯例或多数国家规定,受损方可_____。

　　A. 索赔但不能解约　　　　　　　　　B. 索赔并解约

　　C. 解约但不能索赔　　　　　　　　　D. 不能索赔或解约

( )5. 《联合国国际货物销售合同公约》规定的索赔期限为买方收到货物后_____。

　　A. 半年　　　　　B. 一年　　　　　C. 一年半　　　　　D. 两年

( )6. 下列事件中,_____不属于不可抗力。

　　A. 洪水、地震　　　B. 政府禁令　　　C. 罢工、暴动　　　D. 商品调价

( )7. 不可抗力免除了遭受意外事件的一方当事人_____。

　　A. 履行合同的责任　　　　　　　　　B. 交付货物的责任

　　C. 违约理赔的责任　　　　　　　　　D. 支付货款的责任

( )8. 当卖方因不可抗力事件造成交货困难时,按照法律和惯例_____。

　　A. 只能免除交货责任　　　　　　　　B. 只能展延交货日期

　　C. 只能解除合同　　　　　　　　　　D. 视事件对履约造成的影响而定

( )9. 以仲裁方式解决贸易争议的必要条件是_____。

　　A. 双方当事人订有仲裁协议　　　　　B. 双方当事人订有合同

　　C. 双方当事人无法以协商解决　　　　D. 双方当事人没有签订仲裁协议

( )10. 多数国家都认定仲裁裁决是_____。

　　A. 无约束力的　　　B. 可上诉的　　　C. 可更改的　　　D. 终局性的

( )11. 中国国际经济贸易仲裁委员会是我国的_____。

　　A. 官方性常设仲裁机构　　　　　　　B. 民间性常设仲裁机构

　　C. 官方性临时仲裁机构　　　　　　　D. 民间性临时仲裁机构

（五）多项选择题

( )1. 商品检验条款的内容包括_____。

　　A. 检验时间和地点　　　　　　　　　B. 检验机构

　　C. 检验证书　　　　　　　　　　　　D. 买方复验期限

( )2. 商品检验证书在进出口贸易中的作用是_____。

　　A. 买卖双方交接货物的依据　　　　　B. 银行结算的单据之一

　　C. 索赔理赔的凭证　　　　　　　　　D. 海关放行的单据之一

( )3. 在进出口贸易中,受损方的索赔对象可以是_____。

　　A. 卖方或买方　　　B. 保险公司　　　C. 承运人　　　D. 银行

( )4. 异议和索赔条款通常包括_____。

　　A. 索赔依据　　　B. 索赔期限　　　C. 索赔处理办法　　　D. 索赔金额

( )5. 合同中的不可抗力条款应包括不可抗力事件的_____。

A. 范围   B. 处理

C. 证明及其出证机构   D. 违约方通知对方的期限与方式

( )6. 合同中规定不可抗力的范围的方式有_____。

  A. 分类式   B. 概括式   C. 综合式   D. 列举式

( )7. 解决贸易争议的方式有_____。

  A. 友好协商   B. 调解   C. 仲裁   D. 诉讼

( )8. 仲裁协议中对仲裁地点的规定有_____。

  A. 在买方所在国 B. 在卖方所在国 C. 在第三国   D. 在两国

（六）连线题（用线将 A、B 两边连接起来）

A	B
1. 友好协商	1. Arbitration
2. 商品检验	2. Claim
3. 理赔	3. Amicable Negotiation
4. 不可抗力	4. Commodity Inspection
5. 仲裁	5. Settlement of Claim
6. 索赔	6. Force Majeure

（七）简答题

1. 简述商品检验的含义及一般过程。

2. 为什么在进出口买卖合同中要对检验的时间和地点作出具体规定？其规定的方法有哪几种？

3. 什么是索赔期限？为什么在进出口货物买卖合同的索赔条款中通常应规定索赔期限？

4. 什么是不可抗力？为什么要在进出口合同中订立不可抗力条款？

5. 在进出口贸易中,解决争议的办法有哪几种？

（八）案例分析

1. 日本 A 公司出售一批电视机给中国香港 B 公司,B 公司又把这批电视机转口给泰国 C 公司。在日本货物到达中国香港时,B 公司已发现货物有问题,但 B 公司仍将这批货物转船直接运往泰国。泰国公司收到货物后,经检验,发现货物有严重的缺陷,要求退货。于是,B 公司转向 A 公司提出索赔,但遭日方 A 公司的拒绝。

分析:日方有无权利拒绝? 为什么?

2. 有一美国公司 A 向外国贸易商 B 购买一批火鸡,供应圣诞节市场。合同规定卖方应在 9 月底前装船。但是卖方违反合同,推迟到 10 月 7 日才装船,结果圣诞节销售时机已过,火鸡难以销售。因此 A 拒收货物,并主张撤销合同。

分析:在这种情况下,买方有无拒收货物和撤销合同的权利?

3. 我国内地一家贸易公司 A 与韩国某汽车配件有限责任公司 B 签订了一份购销合同。B 公司向 A 公司供应 100 箱汽车配件,货款价值 86 万美元,目的港为烟台,以远期 45 天不可撤销信用证作为支付方式。A 公司向该 B 公司缴纳了 10 万美元的定金,并约定,无论哪一方违约,都将支付违约金 17 万美元,并以中国的相关法律作为解决争议的依据。后 B 公司违约,不能向 A 公司发货。于是,A 公司为了维护自己的权益不受损失,拟将通过法律手段解决该争议。

分析:A 公司是否可以向 B 公司既要求双倍返还定金,又要求 B 公司承担违约金呢?

第八章　进出口贸易合同的磋商与签订

一、本章概要

在国际贸易交易中,交易双方需要就交易的各项条件进行交易磋商并签订合同,以此确立双方的交易关系以便于履行双方的权利义务。

第一节主要介绍了交易磋商的四个环节:询盘、发盘、还盘和接受。交易磋商是国际贸易交往中的重要环节,交易磋商是合同的根据,其涉及的内容主要包括:商品的品质、数量、包装、价格、装运、保险、支付以及商检索赔、仲裁和不可抗力等。

第二节主要介绍了合同的签订。经过交易磋商,一方发盘另一方接受之后,合同即告成立,买卖双方即确立了合同关系。根据国际贸易的实际做法,买卖双方还需要签订书面合同或成交确认书,以便将双方的权利和义务进一步确定下来。

二、本章学习要求提示

（一）本章学习重点

1. 国际货物买卖合同磋商的主要内容和一般程序;理解发盘和接受的相关规定。
2. 进出口贸易书面合同的内容和形式。

（二）本章学习要求

1. 识记询盘、发盘、还盘和接受的主要内容。
2. 领会交易磋商和签订合同是国际贸易交往中的重要环节,交易磋商是合同的依据。
3. 学会运用基本概念来分析一些进出口业务中的简单案例。

三、同步练习

（一）名词解释

1. 交易磋商

2. 询盘

3. 发盘

4. 还盘

5. 接受

1. 交易磋商的形式:可分为_____和_____两种。

2. 交易磋商的内容:涉及拟签订合同的各项条款,其中包括_____、_____、_____、_____、_____、_____、_____、_____、_____和不可抗力等。

3. 在通常的情况下,发盘都具体地规定一个_____,作为对方表示接受时间限制,超过发盘规定时限,_____即不受约束。

4. 根据_____规定,发盘送达受盘人时生效。明确_____生效时间,具有重要的_____和实践的意义。

5. 英美法认为,发盘原则上对_____没有约束力,发盘人在受盘人对发盘表示接受之前的任何时候,都可_____或_____。而大陆法则认为,发盘对_____有约束力,如德国民法规定,除非发盘人在发盘中订明_____,否则,发盘人就要受到_____的约束。

6. 对发盘表示有条件的接受,也是_____的一种形式。

7. 接受必须由_____做出。发盘人是对_____提出的,因此只有_____才能对发盘人作出接受,由第三者作出接受,不能视为_____,只能作为_____。

8. 在接受的撤回或修改的问题上,《联合国国际货物销售合同公约》采取了_____,到达生效的原则,该《公约》规定,"_____"。

9. 各国法律都认为,合同当事人意思必须是_____,才能成为一项有约束力的合同,否则这种合同_____或_____。

10. 我国对外贸易企业与外商签订的买卖合同,其内容通常都包括_____、_____和_____三部分。

（   ）1. 在交易磋商过程中,有条件接受是接受的一种形式。
改正:_____

（   ）2. 发盘必须规定有效期,未规定有效期的发盘无效。
改正:_____

（   ）3. 在交易磋商中,发盘是卖方作出的行为,接受是卖方作出的行为。
改正:_____

（　　）4. 对方在我方发盘有效期内答复："某日来电接受,希望提前1月发货"。此系有条件的接受,故而无效。

改正:＿＿＿＿＿＿＿＿＿＿＿＿＿＿＿＿＿＿＿＿＿＿＿＿＿＿＿＿＿＿＿＿＿

（　　）5. 我国某公司于9月1日向某外商发盘,规定9月4日复到有效,外商于9月6日来电表示接受,我方于9月7日来电确认,于是合同自9月7日起生效。

改正:＿＿＿＿＿＿＿＿＿＿＿＿＿＿＿＿＿＿＿＿＿＿＿＿＿＿＿＿＿＿＿＿＿

（四）单项选择题

（　　）1. 在交易磋商中,有条件的接受是＿＿＿＿＿＿＿。
A. 还盘的一种形式　　　　　　　　B. 接受的一种形式
C. 发盘的一种形式　　　　　　　　D. 发盘的邀请

（　　）2. 交易磋商的两个基本环节是＿＿＿＿＿＿＿。
A. 询盘、接受　　　B. 发盘、签合同　　　C. 接受、签合同　　　D. 发盘、接受

（　　）3. 发盘的撤回和撤销的区别在于＿＿＿＿＿＿＿。
A. 前者发生在发盘生效后,后者发生在发盘生效前
B. 前者发生在发盘生效前,后者发生在发盘生效后
C. 两者均发生在发盘生效前
D. 两者均发生在发盘生效后

（　　）4. 英美法认为,以书信或电报表示的接受发出之后,＿＿＿＿＿＿＿。
A. 在任何情况下都可以撤回
B. 在任何情况下都不得撤回
C. 只要撤回的通知先于或两者同时接受送达,可以撤回
D. 只要未送达发盘人就可以撤回

（　　）5. 我国有权签订对外贸易合同的为＿＿＿＿＿＿＿。
A. 自然人　　　　　　　　　　　　B. 法人
C. 法人或自然人　　　　　　　　　D. 自然人或法人且须取得外贸经营权

（　　）6. 英国A商人向B商人用口头发盘,若双方没有特别约定,则B商人＿＿＿＿＿＿＿。
A. 任何时间表示接受都可使合同成立
B. 立即接受方可使合同成立
C. 不超过24小时接受合同即成立
D. 不超过48小时接受合同即成立

（　　）7. 根据《公约》的规定,发盘和接受的生效采取＿＿＿＿＿＿＿。
A. 投邮生效原则　　　　　　　　　B. 签订书面合约原则
C. 口头协商原则　　　　　　　　　D. 到达生效原则

（　　）8. 根据《公约》的规定,一项发盘在未送达发盘人之前,发盘人可以＿＿＿＿＿＿＿。
A. 还盘　　　　　B. 接受　　　　　C. 撤销　　　　　D. 撤回

（　　）9. 根据《公约》的规定,下列哪些为一项发盘必须具备的基本要素?
A. 货名、品质、数量　　　　　　　B. 货名、数量、价格
C. 货名、价格、支付方式　　　　　D. 货名、品质、价格

（五）多项选择题

（　　）1. 签订书面合同是为了_____。
    A. 作为合同成立的证据　　　　　　　　　B. 作为合同生效的条件
    C. 作为合同履行的依据　　　　　　　　　D. 符合有关法律的规定

（　　）2. 根据我国《合同法》第十一条规定，"书面形式是指合同书、信件和数据电文等可以有形地表现所载内容的形式"。其中数据电文包括_____。
    A. 电报、电传　　　　　　　　　　　　　B. 传真
    C. 电子数据交换　　　　　　　　　　　　D. 电子邮件

（　　）3. 在实际进出口业务中，接受的形式用_____表示。
    A. 行动　　　　　　　　　　　　　　　　B. 缄默
    C. 广告　　　　　　　　　　　　　　　　D. 口头书面的形式

（　　）4. 构成一项发盘应具备的条件有_____。
    A. 向一个或一个以上特定的人发出　　　　B. 表明发盘人受该发盘的约束
    C. 发盘的内容必须十分确定　　　　　　　D. 发盘人必须规定有效期

（　　）5. 我国外贸企业所使用的买卖合同包括_____。
    A. 正式书面合同　　　B. 确认书　　　C. 协议书　　　D. 商品目录

（　　）6. 《公约》规定，一项已生效的发盘不能撤销的条件是_____。
    A. 发盘规定了有效期
    B. 受盘人有理由相信该发盘不可撤销，并采取了行动
    C. 发盘中明确规定该发盘是不可撤销的
    D. 发盘中未标明是否可撤销

（　　）7. "你10日电我方接受，但支付条件由D/P改为L/C即期"该电文是_____。
    A. 有效接受　　　　　　　　　　　　　　B. 还盘
    C. 对原发盘的拒绝　　　　　　　　　　　D. 实质性变更发盘条件

（　　）8. 发盘效力终止的情况包括_____。
    A. 过了发盘规定的有效时间或合理时间　　B. 被受盘人拒绝或还盘
    C. 发盘人进行有效的撤销　　　　　　　　D. 发盘人破产

（　　）9. 根据《公约》关于"逾期接受"的规定，下列正确的说法是_____。
    A. 所有逾期接受都无效
    B. 决定逾期接受是否有效的主动权掌握在发盘人手中
    C. 逾期的原因不在邮电部门延误，若发盘人及时表示确认，则该接受仍有效
    D. 逾期是因为邮电部门延误造成，则该逾期接受在任何情况下都是有效的

（　　）10. 我国某公司10日向外商发盘，限15日复到有效。外商于14日用电报表示接受我方10日电，但我方于16日才收到对方的接受通知，此时_____。
    A. 属逾期接受，合同不成立
    B. 若我方缄默则合同成立
    C. 若我方毫不延迟地表示接受，则合同成立
    D. 合同已成立

（六）连线题（用线将 A、B 两边连接起来）

A	B
1. Inquiry	1. 发盘
2. Offer	2. 询盘
3. Counter Offer	3. 逾期接受
4. Acceptance	4. 接受
5. Late Acceptance	5. 还盘

（七）简答题

1. 简述发盘效力的终止的原因。

2. 简述比价的内容。

3. 简述合同的形式。

4. 简述在我国对外贸易实践中书面合同的形式。

（八）案例分析

1. 我国某公司应荷兰某商人请求,报出某初级产品 200 公吨,每公吨 CIF 鹿特丹人民币 1950 元,即期装运的实盘,对方接到我方报盘后,没有表示承诺,而再三请求我方增加数量,降低价格,并延长有效期,我方曾将数量增至 300 公吨,价格每公吨 CIF 鹿特丹减至人民币

1900 元,有效期两次延长,最后延至 7 月 25 日,荷商于 7 月 22 日来电接受该盘,但附加了包装条件为"需提供良好适合海洋运输的袋装",我方在接到对方承诺电报时复电称:"由于世界市场的变化,货物在接到承诺电报前已售出。"但对方不同意这一说法,认为承诺在要约有效期内作出,因而是有效的,坚持要求我方按要约的条件履行合同。最终我方以承认合同已成立而告结束,从而使我方损失 23 万元。

分析: 为何我方会损失 23 万元? 请简述理由。

2. 我国某公司与外商成交出口焦炭 2000 公吨,约定采用分批装运,装运日期为当年 3 月至 6 月,每月装运 500 公吨,凭不可撤销信用证付款,并受《国际商会第 400 号出版物》的约束。中方公司按照买方开出的信用证于 3、4 两月装运 500 公吨焦炭出口,并按时交单议付。但因国内市场货源紧缺,5 月份运输线路出现故障,部分焦炭未能按时装运出口,导致中方公司在 6 月份一次运出 1000 公吨焦炭,并凭单向银行议付货款,但却遭到银行拒付,其理由是我方公司 5 月份未按信用证装焦炭出口,信用证已失效。我方只好将付款方式改为托收方收到货款。但最后仍不得不向买方偿付损失赔偿金近万美元。

分析: 为何我方要向买方偿付损失金近万美元? 请说明理由。

第九章　进出口贸易合同的履行

一、本章概要

在国际贸易中,买卖双方通过洽商交易达成协议后,按国际贸易的一般习惯做法,大都需要签订一定格式的书面合同,以作为约束双方的法律依据。

合同签订后,买卖双方都应受其约束,都要本着"重合同,守信用"的原则,切实履行合同规定的各项义务。

第一节主要介绍了按 CIF 条件成交,履行出口合同的程序,一般包括备货、催证、审证、改证、租船、订舱、报关、报验、保险、装船、制单、结汇等工作环节。

第二节主要介绍了按 FOB 条件并采用信用证支付方式收付,按此条件签订的进口合同,其履行的一般程序包括:开立信用证,租船订舱,接运货物,办理货运保险,审单付款,报关提货验收与拨交货和办理索赔等。

二、本章学习要求提示

（一）本章学习重点

在这些工作环节中,以货(备货)、证(催证、审证和改证)、船(租船、订舱)、款(制单结汇)四个环节的工作最为重要。

（二）本章学习要求

1. 识记各项基本概念。

2. 领会按 CIF 条件成交,履行出口合同的程序和按 FOB 条件并采用信用证付款方式成交,履行进口合同的程序。

3. 学会运用基本概念来分析一些进出口业务中履行合同的简单案例。

三、同步练习

（一）名词解释

1. 备货

2. 催证

3. 审证

4. 报关

5. 结汇

（二）填空题

1. 履行出口合同的程序，一般包括_____、_____、_____、_____、_____、_____、_____、_____、_____、_____、_____等工作环节。

2. 催证是指卖方以一定的_____方式敦促买方按时开出信用证，以便及时履行_____义务的一种行为。

3. 按 CIF 或 CFR 条件成交时，_____应及时办理租船订舱工作，如果是大宗货物，需要办理_____手续；如果是一般杂货则需_____。

4. 船公司或其代理人在接受托运人的_____之后，即发给托运人_____，凭此办理装船手续。

5. 在 CIF 合同下，采用集装箱班轮运输的情况，_____抵港前，出口企业或其货运代理应该根据港区所做的_____计划，将经出关清关并由_____加上封志（Seal）的集装箱存放于港区指定_____。

6. 在 CIF 合同下，按照国际惯例以及我国出口业务中的习惯做法，我国出口企业于_____后，应该向国外进口方以_____方式及时发出_____或装船通知，以便_____为收取货物事先采取必要的措施。

7. 在制单工作中，必须高度认真和十分细致勤勤恳恳确实做到"_____"和"_____"，以利及时、安全收汇。

8. 出口押汇又称_____，是指议付行审核_____的单据无误后，即根据信用证条款，买入信用证_____和_____，从票面金额中扣除_____以及从议付日到估计收到货款日的_____，将余款按押汇当日的外汇牌价兑换成_____支付给受益人。

（三）判断改错题（先判断对错，错误的加以改正）

（　　）1. 受益人收到信用证，发现信用证内容与合同不一致，应立即通知开证行改证。
改正：_____

（　　）2. 信用证修改通知书若包含多项修改项目，受益人发现其中部分内容不正确，可以接受正确的部分，而将不正确的部分向开证人提出，要求其再行修改。
改正：_____

（　　）3. 受益人收到信用证后，由接到通知行转来的对方自行改动的改证通知书，受益人有权决定接受或拒绝,但必须在合理时间内将决定通知对方。

改正:＿＿＿＿＿＿＿＿＿＿＿＿＿＿＿＿＿＿＿＿＿

( )4. 我国出口企业资金紧缺,对以信用证方式出口业务,再向银行结汇时,应采用定期结汇方式。

改正:＿＿＿＿＿＿＿＿＿＿＿＿＿＿＿＿＿＿＿＿＿

（四）单项选择题

( )1. 信用证的到期地点应视信用证规定而定,在我国外贸实务中,通常使用的到期地点为＿＿＿＿＿＿。

    A. 出口地   B. 进口地   C. 第三地   D. 开证行所在地

( )2. 如我方是按样品交货,一旦第三方控告我方,则我方＿＿＿＿＿＿。

    A. 须承担责任   B. 不承担责任   C. 承担一半责任   D. 视情况而定

( )3. 按管理规定,银行开立信用证所产生的一切费用和风险应由＿＿＿＿＿＿负担。

    A. 受益人   B. 申请人   C. 银行   D. 第三方

( )4. 在实际业务中,由＿＿＿＿＿＿作为当事人承担审证任务。

    A. 银行   B. 银行和出口公司   C. 出口公司   D. 进口公司

( )5. 根据《跟单信用证统一惯例》规定,在金额、数量和单价前有"约"的词语,应解释为有＿＿＿＿＿＿的增减幅度。

    A. 5%   B. 7%   C. 10%   D. 8%

( )6. 根据《跟单信用证统一惯例》规定,银行有权拒收迟于装运日期＿＿＿＿＿＿天提交的单据。

    A. 21   B. 15   C. 30   D. 60

（五）多项选择题

( )1. 违约救济有＿＿＿＿＿＿几种方式。

    A. 损害赔付   B. 实际履行   C. 保全货物   D. 解除合同

( )2. 办理出口退税的基本程序是＿＿＿＿＿＿。

    A. 申报   B. 核销   C. 上报   D. 批复

( )3. 采用信用证付款方式签订的 CIF 合同,卖方履约所包括的环节很多,其中主要的环节有＿＿＿＿＿＿。

    A. 备货   B. 催证、审证、改证   C. 投保   D. 租船订舱

( )4. 买卖合同中规定买方的基本义务有＿＿＿＿＿＿。

    A. 开立信用证   B. 按合同规定支付货款

    C. 收取货物   D. 租船订舱、派船接货

( )5. 所有买卖合同都规定了交易双方的基本义务,其中卖方的基本义务有＿＿＿＿＿＿。

    A. 按合同规定交付货物   B. 移交一切与货物有关的单据

    C. 转移货物的所有权   D. 办理租船订舱工作

( )6. 目前我国使用的普惠制单据有＿＿＿＿＿＿。

    A. 产地证   B. 纺织品产地证

C. 价格和原产地联合证明书　　　　D. 纺织品装船证明

（六）连线题（用线将 A、B 两边连接起来）

A	B
1. Packing List	1. 商业发票
2. Certificate of Origin	2. 普惠制产地证
3. Form A	3. 托运单
4. Booking Note，B/N	4. 产地证明书
5. Commercial Invoice	5. 装箱单

（七）简答题

1. 简述厂商发票的概念及其作用。

2. 简述普惠制单据的作用。

3. 简述收妥结汇的内容。

4. 简述出口押汇的内容。

5. 简述定期结汇的内容。

（八）案例分析

1. 日本 A 公司向马来西亚 M 公司出售一批圆铁 2000 公吨,然而 M 公司在收货后发现有不少圆铁尺寸与合同不符,包装参差不齐,货物售给客户后,当地用户向 M 公司提出严重的道德上的抗议和对以后交易的警告。在 M 公司向 A 公司发出的定购另一批 1000 公吨圆铁的要约中,M 公司提出下列索赔警告:"鉴于我们是老客户,我方暂时对上次交易你方的违约不提出索赔,但我方将保留这一权利。如果你方这批货物再像上批货物一样出现包装不良或尺寸不符,我方将连同上批交易中你方不良品部分一起提起索赔。"在要约中 M 公司还对货物尺寸、包装附加了更详细的条件。

分析:A 公司应如何处理? 请阐述理由。

2. 中国国际经济贸易仲裁委员会收到申诉人美国 A 公司诉被诉人美国 B 公司的一份仲裁申请书。书中写明申请仲裁是依据合同中的仲裁条款。被诉人收到通知后,认为仲裁程序不应继续进行,因为被诉人已向美国纽约州法院申请停止仲裁程序,理由是:①申诉人和被诉人都是美国公司,在纽约解决争议最为方便,根据国际司法的冲突规范,争议与北京无实际联系。②在仲裁之前,申诉人没有和被诉人进行友好协商。③仲裁协议没有规定仲裁地点,协议中的仲裁机构是中国国际贸易促进委员会对外贸易仲裁委员会,不是中国国际经济贸易仲裁委员会。

分析:申诉人和被诉人应如何解决争议? 请说明理由。

第十章 出口许可证、货运单证、产地证书和保险单证的缮制

一、本章概要

第一节阐述了出口许可证的含义与作用,介绍了出口许可证的签发部门、申请要求和程序,以及缮制出口许可证的方法,并以实样示例。同时阐述了商业发票的含义与作用,详细介绍了商业发票的主要内容、样式和根据信用证要求的制作方法,并以实样示例。

第二节阐述了运输单据的含义、种类及其作用,介绍了海运货物订舱委托书、海运提单、国际货物托运书、空运单的主要内容和办理货物运输业务的基本程序。同时,根据合同或信用证的要求详细说明订舱委托书、海运提单、国际货物托运书和空运单的缮制方法,并以实样示例。同时阐述了装箱单的含义与作用,详细介绍了装箱单的主要内容、样式和根据信用证要求的制作方法,并以实样示例。

第三节阐述了出口货物产地证明书的含义、种类及其作用,介绍了一般原产地证书、普惠制产地证明书的签发部门、申请要求和程序,以及根据合同或信用证要求的缮制方法,并以实样示例。

第四节阐述了出口货物保险单的含义、种类与作用,介绍了投保单、保险单的主要内容和保险金额、保险费的计算公式以及办理保险业务的基本程序。同时,根据合同或信用证的要求详细说明了投保单和保险单的缮制方法,并以实样示例。

二、本章学习要求提示

(一)本章重点

1. 在以信用证为支付方式条件下,由于银行付款的唯一依据是信用证,因此必须对信用证条款进行严格审核,对不能接受的内容应及时向开证人提出改证要求。同时,出口方必须做到单证相符、单单相符、单据与贸易合同相符,单证的内容应力求正确、简洁、美观、语句通顺,重点项目突出醒目,要求提供的各种单据的份数不能短缺,并在信用证规定的交单有效期内及时交单。如果信用证没有规定交单期限,按照国际商会《跟单信用证统一惯例》的规定,应在运输单据签发日的第21天内,即在信用证的有效期内。

2. 商业发票、装箱单、出口货物产地证明书、出口货物保险单、商业汇票的主要作用和内容,以及根据合同或信用证要求的制作方法。

(二)本章学习要求

1. 识记商业发票、装箱单、一般原产地证明书/加工装配证明书申请书、一般原产地证书、普惠制产地证书申请书、普惠制产地证明书、出口货物运输投保单、出口货物运输保险单。

2. 理解商业发票的作用和主要内容,以及缮制的方法;装箱单主要内容,以及制单时应

注意的事项;产地证明书的主要作用、种类、由何机构签发,一般原产地证书和普惠制产地证明书的主要内容,以及缮制的方法;保险单的主要内容、种类、作用、保险业务的程序和保险金额、保险费的计算公式,以及保险单的缮制方法。

3. 掌握根据贸易合同条款进行信用证的审核技能;在信用证支付条件下制作全套议付单据的技能;以信用证与托收结合支付条件下制作全套结汇单据的技能。

三、同步练习

(一) 判断改错题(先判断对错,错误的加以改正)

( )1. 一张可撤销的信用证,无论在什么情况下,都可以撤销。

改正:＿＿＿＿＿＿＿＿＿＿＿＿＿＿＿＿＿＿＿＿＿＿＿＿＿＿＿＿

( )2. 保兑信用证中的保兑行对保兑信用证负第一性的付款责任。

改正:＿＿＿＿＿＿＿＿＿＿＿＿＿＿＿＿＿＿＿＿＿＿＿＿＿＿＿＿

( )3. 若错过了信用证有效期到银行议付,受益人只要征得开证人的同意,即可要求银行付款。

改正:＿＿＿＿＿＿＿＿＿＿＿＿＿＿＿＿＿＿＿＿＿＿＿＿＿＿＿＿

( )4. 通过信开的信用证要根据《UCP600》的规定,如果用 SWIFT 形式开证,则不适用《UCP600》的规定。

改正:＿＿＿＿＿＿＿＿＿＿＿＿＿＿＿＿＿＿＿＿＿＿＿＿＿＿＿＿

( )5. 开证行开出不可撤销信用证后,只要在有效期内,开证行有单方面修改或撤销信用证的权利。

改正:＿＿＿＿＿＿＿＿＿＿＿＿＿＿＿＿＿＿＿＿＿＿＿＿＿＿＿＿

( )6. 只要在信用证有效期内,如果发生开证行倒闭或拒付,保兑行可以向受益人追索。

改正:＿＿＿＿＿＿＿＿＿＿＿＿＿＿＿＿＿＿＿＿＿＿＿＿＿＿＿＿

( )7. 开证行开出可转让信用证后,受益人可将信用证的全部或一部分金额转让给多个第二受益人。

改正:＿＿＿＿＿＿＿＿＿＿＿＿＿＿＿＿＿＿＿＿＿＿＿＿＿＿＿＿

( )8. 如果来证指定保险勘察代理人,受益人不能接受,应要求改证。

改正:＿＿＿＿＿＿＿＿＿＿＿＿＿＿＿＿＿＿＿＿＿＿＿＿＿＿＿＿

(二) 单项选择题

( )1. 根据《UCP600》的解释,信用证的第一性付款人是＿＿＿＿＿＿＿。
    A. 进口人   B. 开证行   C. 议付行   D. 通知行

( )2. 根据《UCP600》的解释,信用证上如未注明汇票的付款人,该付款人应是＿＿＿＿＿＿＿。
    A. 开证人   B. 开证行   C. 议付行   D. 受益人

( )3. 信用证与托收相结合的支付方式,其全套货运单据应＿＿＿＿＿＿＿。
    A. 附在信用证项下的汇票   B. 根据开证行的要求
    C. 附在托收项下的汇票   D. 根据进口商的要求

( )4. 电开信用证分为全电本和简电本两类。在 SWIFT 中,全电本通常采用＿＿＿＿＿＿＿

格式。

A. MT700/MT701   B. MT702/MT703

C. MT704/MT705   D. MT706/MT707

( )5. 简电本是将信用证金额、有效期等主要内容用电文预先通知受益人。在 SWIFT 中，简电本通常采用_____格式。

A. MT701   B. MT703   C. MT705   D. MT707

( )6. 在 SWIFT 中，信用证的修改通常采用_____格式。

A. MT701   B. MT703   C. MT705   D. MT707

( )7. 信用证项下的汇票附有_____为跟单信用证。

A. 发票   B. 垫款清单   C. 装箱单   D. 提单

( )8. 如果信用证没有规定最晚交单期，一般为装期后_____。

A. 10 天   B. 15 天   C. 20 天   D. 21 天

( )9. 信用证的有效期为 5 月 31 日，如果信用证没有规定最晚交单期，则最晚交单期应为_____。

A. 5 月 20 日   B. 5 月 25 日   C. 5 月 30 日   D. 5 月 31 日

（三）多项选择题

( )1. 循环信用证的形式有_____。

A. 非自动循环信用证   B. 半自动循环信用证

C. 自动循环信用证   D. 有时自动，有时非自动信用证

( )2. 采用 SWIFT 信用证，必须遵守 SWIFT 使用手册的规定代号，使信用证具有_____的特性。

A. 标准化   B. 固定化   C. 美观化   D. 快捷化

( )3. 根据《跟单信用证统一惯例》的规定，信用证的特点是_____。

A. 必须是跟单信用证   B. 信用证是一项独立文件

C. 信用证方式是纯单据业务   D. 开证行是第一付款人

( )4. 信用证是指开证行应开证申请人的要求和指示，开给受益人在其履行信用证条件时付款的承诺文件。在国际贸易中，通常所使用的信用证大多是_____。

A. 跟单信用证   B. 不可撤销信用证

C. 议付信用证   D. 即期信用证

( )5. 银行处理信用证业务，是以单证表面相符原则来决定是否付款，而不管实际货物如何，因此出口方必须做到_____，开证行才承担付款责任。

A. 单证一致   B. 单单一致   C. 单同一致   D. 单货一致

( )6. 下列就信用证与贸易合同的相互关系进行了表述，其中正确的是_____。

A. 开立信用证以买卖合同为依据   B. 信用证业务受买卖合同的约束

C. 合同是审核信用证的依据   D. 银行按信用证规定处理信用证业务

( )7. 按《UCP600》中的规定，如信用证未规定_____。

A. 是否保兑，应为保兑信用证   B. 是否转让，应为不可转让信用证

C. 是否保兑，应为不保兑信用证   D. 是否循环，应为循环信用证

（　）8. 按照开立的方式来分,信用证有_____。

    A. 汇付   B. 票汇   C. 信开   D. 电开

（　）9. 信用证的结构和内容一般由_____部分构成。

    A. 载明该证的基本信息   B. 单据条款和针对受益人的附加条件

    C. 对交单行的指示   D. 开证行的承诺

（　）10. 开证行一般是进口方银行,作为信用证的发出者,其一般受_____等方面的约束。

    A. 与申请人的代理合同   B. 对受益人的付款承诺

    C. 与议付行的代理协议   D. 与付款行的代理关系

（　）11. 开证行根据开证申请人的指示开立信用证后,其有_____的权利义务。

    A. 第一性付款责任   B. 终局性付款

    C. 取得质押或押金   D. 付款或拒付的处理

（　）12. 对开信用证是指两张信用证的开证申请人互以对方为受益人而开立的信用证,其多用于_____等贸易方式。

    A. 来料来件加工   B. 补偿贸易   C. 易货贸易   D. 一般贸易

（四）简答题

1. 简述跟单信用证的特点。

2. 简述审核信用证的主要内容。

（五）案例分析

1. 上海某外贸公司与外商签订一份出口合同,外商按合同的规定开来不可撤销即期信用证,并在上海日资银行加保。于是,我方按时发货,并持全套议付单据在日资银行进行议付。但日资银行向开证行索赔时,得知开证行倒闭,便要求该外贸公司退还议付的货款,直接向进口商索赔。

分析: 我方应如何处理? 为什么?

2. 大连出口企业甲向日商推销大豆 10 万公吨，总金额 80 万美元，支付方式为不可撤销跟单可转让信用证。大连出口企业甲收到信用证后，将信用证金额 30 万转让给山东 A 公司，20 万转让给黑龙江 B 公司。货到目的地后，对方来函称：A 公司所交货物，其中部分质量不符合合同的规定，不予以接受并提出赔偿。大连出口企业甲以非本公司的产品予以拒绝，请日商直接向 A 公司索赔。

分析：日商提出此项要求合理吗，为什么？

（六）操作题

操作一：出口货物许可证申请表、商业发票和出口货物许可证的缮制
1. 训练资料
（1）销售合同

上海进出口贸易公司
SHANGHAI IMPORT & EXPORT TRADE CORPORATION
1321 ZHONGSHAN ROAD SHANGHAI, CHINA
SALES CONTRACT

TEL:021－65788877   S/C NO. TXT264

FAX:021－65788876   DATE：May 01,2018

TO:

    YIYANG TRADING CORPORATION

    88 MARAHALL AVE

    DONCASTER VIC 3108, CANADA

MARKS & NO	DESCRIPTIONS OF GOODS	QUANTITY	UNIT PRICE	AMOUNT
YIYANG	CHINESE GREEN TEA		CIF MONTREAL	
TXT264	ART NO. 555	100 KGS	USD 110.00	USD 11000.00
MONTREAL	ART NO. 666	110 KGS	USD 100.00	USD 11000.00
C/NO. 1－66	ART NO. 777	120 KGS	USD 90.00	USD 10800.00
	Packed in 66 cartons			

PACKING：PACKED IN 1 CARTONS 5 KILOGRAMS EACH
LOADING PORT：SHANGHAI
DESTINATION：MONTREAL
PARTIAL SHIPMENT：PROHIBITED
TRANSHIPMENT：PROHIBITED
PAYMENT：L/C AT SIGHT
INSURANCE：FOR 110 PERCENT OF THE INVOICE VALUE COVERING ALL RISKS AND WAR RISK
TIME OF SHIPMENT：LATEST DATE OF SHIPMENT 110620

THE BUYER：

YIYANG TRADING CORPORATION

YIYANG

THE SELLER：

**SHANGHAI IMPORT & EXPORT
TRADE CORPORATION**

TONG LI

（2）信用证

NATIONAL PARIS BANK
24 MARSHALL VEDONCASTER MONTREAL，CANADA

SEQUENCE OF TOTAL	*27：1/1
FORM OF DOC，CREDIT	*40A：IRREVOCABLE
DOC，CREDIT NUMBER	*20：XT173
DATE OF ISSUE	31C：180510
DATE AND PLACE OF EXPIRY	*31D：DATE 180630 PLACE CHINA
APPLICANT	*50：YIYANG TRADING CORPORATION
	88 MARAHALL AVE
	DONCASTER VIC 3108
	CANADA
ISSUING BANK	52A：NATIONAL PARIS BANK
	24 MARSHALL VEDONCASTER
	MONTREAL，CANADA
BENEFICIARY	*59：SHANGHAI IMPORT & EXPORT TRADE
	CORPORATION1321 ZHONGSHAN ROAD
	SHANGHAI, CHINA
AMOUNT	*32B：CURRENCY USD AMOUNT 32 800. 00
AVAILABLE WITH/BY	*41D：ANY BANK IN CHINA
	BY NEGOTIATION
DRAFTS AT...	42C：SIGHT
DRAWEE	42A：NATIONAL PARIS BANK
PARTIAL SHIPMENTS	43P：PROHIBITED
TRANSSHIPMENT	43T：PROHIBITED

LOADING ON BOARD	44A : SHANGHAI
FOR TRANSPORTATION TO...	44B : MONTREAL, CANADA
LATEST DATE OF SHIPMENT	44C : 170620
DESCRIPT OF GOODS	45A : CHINESE GREEN TEA AS PER S/C NO. TXT264 CIF MONTREAL
DOCUMENTS REQUIRED	46A : + SIGNED COMMERCIAL INVOICE, 2 ORIGINAL AND 2 COPIES.
	+ PACKING LIST, 1 ORIGINAL AND 3 COPIES.
	+ CERTIFICATE OF ORIGIN GSP CHINA FORM A, ISSUED BY THE CHAMBER OF COMMERCE OR OTHER AUTHORITY DULY ENTITLED FOR THIS PURPOSE.
	+ FULL SET OF NEGOTIABLE INSURANCE POLICY OR CERTIFICATE BLANK ENDORSED FOR 110 PERCENT OF THE INVOICE VALUE COVERING ALL RISKS.
	+ FULL SET OF B/L (2 ORIGINAL AND 3 COPIES) CLEAN ON BOARD, MADE OUT TO ORDER OF SHIPPER AND BLANK ENDORSED AND MARKED "FREIGHT PREPAID" AND NOTIFY APPLICANT.
CHARGES	71B : ALL BANKING CHARGES OUTSIDE CANADA ARE FOR ACCOUNT OF BENEFICIARY.
PERIOD FOR PRESENTATION	48 : DOCUMENTS MUST BE PRESENTED WITHIN 15 DAYS AFTER THE DATE OF SHIPMENT BUT WITHIN THE VALIDITY OF THE CREDIT.

（3）补充资料：
　　　　出口许可证编号：2009122433
　　　　H. S. 编码：0902・1090
　　　　出口商编码：1957626546
　　　　报关口岸：吴淞海关
　　　　发票号码：TX0522
　　　　发票日期：2018.6.1
　2. 训练要求
　　请根据合同、信用证和补充资料的有关内容缮制出口货物许可证申请表、商业发票和出口货物许可证各一份。

中华人民共和国出口货物许可证申请表

1. 出口商及编码：		3. 出口许可证号：
电话：　　　　联系人：		
2. 发货单位：		4. 许可证有效截止期 　　　　至　　年　　月　　日止
电话：　　　　联系人：		
5. 贸易方式：		8. 进口国（地区）：
6. 合同号：		9. 支付方式：
7. 报关口岸：		10. 运输方式：

11. 商品名称：			商品编码：		

12. 规格、型号	13. 单位	14. 数量	15. 单价（　）	16. 总值（　）	17. 总值折美元
18. 总计					

初审意见： 　　　　经办人：	19. 备注：
处领导意见：	申请日期：

第十章　出口许可证、货运单证、产地证书和保险单证的缮制

上海进出口贸易公司
SHANGHAI IMPORT & EXPORT TRADE CORPORATION
1321 ZHONGSHAN ROAD SHANGHAI, CHINA
COMMERCIAL INVOICE

TEL:021－65788877

FAX:021－65788876

INV NO. _____

DATE: _____

S/C NO. _____

L/C NO. _____

TO:

FROM _____ TO _____

MARKS & NO	DESCRIPTIONS OF GOODS	QUANTITY	UNIT PRICE	AMOUNT

TOTAL AMOUNT:

WE HEREBY CERTIFY THAT THE CONTENTS OF INVOICE HEREIN ARE TRUE AND CORRECT.

SHANGHAI IMPORT & EXPORT TRADE CORPORATION

×××

中华人民共和国出口货物许可证
EXPORT LICENSE OF THE PEOPLE'S REPUBLIC OF CHINA

1. 出口商： Exporter	3. 出口许可证编号： Export license NO.
2. 发货单位： Consignor	4. 出口许可证有效截止期： Export license expiry date
5. 贸易方式 Terms of trade	8. 输往国家（地区） Country／Region of purchase
6. 合同号： Contract NO.	9. 收款方式： Terms of payment
7. 报关口岸： Port of shipment	10. 运输方式： Means of transport

11. 商品名称：　　　　　　　　　　　　　商品编码：
Description of goods　　　　　　　　　　 Code of goods

12. 规格、型号 Specification	13. 单位 Unit	14. 数量 Quantity	15. 单价（ ） Unit price	16. 总值（ ） Amount	17. 总值折美元 Amount in USD
18. 总计 Total					

19. 备注 Supplementary details	20. 发证机关盖章 Issuing authority's stamp & signature 发证日期 License date

对外经济贸易部监制　　　　　　　　　　　　　　　本证不得涂改，不得转让

操作二：装箱单、海运货物委托书和海运提单的缮制

1. 训练资料

（1）销售合同（S/C NO. TXT264）（本章操作一）

（2）信用证（L/C NO. XT173）（本章操作一）

（3）补充资料

包装：	G.W	N.W	MEAS
ART NO. 555	7 KGS/CTN	5 KGS/CTN	0.2CBM/CTN
ART NO. 666	6 KGS/CTN	5 KGS/CTN	0.2CBM/CTN
ART NO. 777	6 KGS/CTN	5 KGS/CTN	0.2CBM/CTN

PACKED IN 20' CONTAINER

金发编号：JF0388811

人民币账号：SZR80066686

外币账号：THY6684321337

B/L NO. HJSHB142939

B/L DATE：JUN. 10, 2011

集装箱号：CATU0806118

船名：PUDONG V. 503

2. 训练要求

请根据合同、信用证和补充资料的有关内容缮制装箱单、海运货物委托书和提单一份。

上海进出口贸易公司
SHANGHAI IMPORT & EXPORT TRADE CORPORATION
1321 ZHONGSHAN ROAD SHANGHAI, CHINA
PACKING LIST

TEL：021－65788877

FAX：021－65788876

INV NO. _____

DATE：_____

S/C NO. _____

MARKS & NOS

TO：

GOODS DESCRIPTION & PACKING	QTY(PCS)	CTNS	G. W. (KGS)	N. W. (KGS)	MEAS(M³)
TOTAL					

TOTAL CARTONS：

金发海运货运委托书

<table>
<tr><td colspan="3">经营单位
（托运人）</td><td colspan="3">金发编号</td><td></td></tr>
<tr><td rowspan="3">提单
B/L
项目
要求</td><td colspan="6">发货人：
Shipper：</td></tr>
<tr><td colspan="6">收货人：
Consignee：</td></tr>
<tr><td colspan="6">通知人：
Notify Party：</td></tr>
<tr><td colspan="2">洋运费（√）
Sea freight</td><td colspan="2">预付（ ）或到付（ ）
Prepaid or Collect</td><td>提单份数</td><td colspan="2">提单寄送地址</td></tr>
<tr><td>起运港</td><td colspan="2">SHANGHAI</td><td>目的港</td><td>可否转船</td><td colspan="2">可否分批</td></tr>
<tr><td colspan="2">集装箱预配数</td><td>20' ×</td><td>40' ×</td><td>装运期限</td><td colspan="2">有效期限</td></tr>
</table>

<table>
<tr><td>标记唛码</td><td>包装
件数</td><td>中英文货号
Description of goods</td><td>毛重
（公斤）</td><td>尺码
（立方米）</td><td>成交条件
（总价）</td></tr>
<tr><td rowspan="2"></td><td rowspan="2"></td><td rowspan="2"></td><td colspan="3">重件：每件重量</td></tr>
<tr><td rowspan="2" colspan="2">特种货物
□ 冷藏货
□ 危险品</td><td></td></tr>
<tr><td>内装箱（CFS）
地址</td><td colspan="2">上海市逸仙路2960号三号门
电话：68206820×215</td><td>大　　件
（长×宽×高）</td></tr>
<tr><td rowspan="2"></td><td rowspan="2" colspan="2"></td><td colspan="3">特种集装箱：（　　　　　　　　　）</td></tr>
<tr><td>门对门装箱地址</td><td colspan="2">物资备妥日期　　　　年　月　日</td></tr>
<tr><td rowspan="2">外币结算账号</td><td rowspan="2" colspan="2"></td><td colspan="3">物资进栈：自送（ ）或金发派送（ ）</td></tr>
<tr><td colspan="3">人民币结算单位账号</td></tr>
<tr><td colspan="3" rowspan="7">声明事项</td><td colspan="3">托运人签章</td></tr>
<tr><td colspan="3">电　话</td></tr>
<tr><td colspan="3">传　真</td></tr>
<tr><td colspan="3">联系人</td></tr>
<tr><td colspan="3">地　址</td></tr>
<tr><td colspan="3">制单日期　　　　年　月　日</td></tr>
</table>

Shipper	B/L NO.
	中国对外贸易运输总公司 CHINA NATIONAL FOREIGN TRADE TRANSPORT CORPORATION

Consignee or order	**直运或转船提单** **BILL OF LADING DIRECT OR WITH TRANSHIPMENT**

SHIPPED on board in apparent good order and condition（unless otherwise indicated）the goods or packages specified herein and to be discharged or the mentioned port of discharge of as near there as the vessel may safely get and be always afloat.

THE WEIGHT, measure, marks and numbers quality, contents and value, being particulars furnished by the Shipper, are not checked by the Carrier on loading.

THE SHIPPER, Consignee and the Holder of this Bill of Lading hereby expressly accept and agree to all printed, written or stamped provisions, exceptions and conditions of this Bill of Loading, including those on the back hereof.

IN WITNESS where of the number of original Bill of Loading stated below have been signed, one of which being accomplished, the other（s）to be void.

Notify address	

Pre-carriage by	Port of loading
Vessel	Port of transhipment
Port of discharge	Final destination

Container seal No. or marks and Nos.	Number and kind of packages Designation of goods	Gross weight（kgs.）	Measurement（m³）

REGARDING TRANSHIPMENT INFORMATION PLEASE CONTACT	Freight and charge

Ex. rate	Prepaid at	Freight payable at	Place and date of issue
	Total Prepaid	Number of original Bs/L	Signed for or on behalf of the Master as Agent

操作三:原产地证书申请书和原产地证书

1. 训练资料

(1) 销售合同(S/C NO. TXT264)（本章操作一）

(2) 信用证(L/C NO. XT173)（本章操作一）

(3) 补充资料

  证书号:XK0511266

  注册号:8855996644

  运费:815 美元

  保险费:984 美元

  申请单位注册号:Q3148

2. 训练要求

请以"单证员"身份,根据合同、信用证和补充资料的有关内容制作原产地证书申请书和原产地证书各一份。

一般原产地证明书/加工装配证明书
申 请 书

申请单位注册号: 证书号:

申请人郑重申明:

  本人被正式授权代表本企业办理和签署本申请书。

  本申请书及一般原产地证明书/加工装配证明书所列内容正确无误,如发现弄虚作假,冒充货物所列货物,擅改证书,自愿接受签发机构的处罚并承担法律责任,现将有关情况申报如下:

企业名称		发票号	
商品名称		H．S．编码（六位数）	
商品 FOB 总值（以美元计）		最终目的地国家/地区	
拟出运日期		转口国（地区）	
贸易方式和企业性质（请在适用处打"√"）			

一般贸易		三来一补		其他贸易方式	
国营企业	三资企业	国营企业	三资企业	国营企业	三资企业

包装数量或毛重或其他数量	
证书种类（打"√"）	一般原产地证明书	加工装配证明书

现提交中国出口货物商业发票副本一份,一般原产地证明书/加工装配证明书一正三副,以及其他附件 份,请予审核签证。

  申请单位盖章   申请人(签名)

                 电话:

                 日期: 年 月 日

商 检 局 联 系 记 录

1. Exporter（full name and address）	CERTIFICATE NO.
	CERTIFICATE OF ORIGIN **OF** **THE PEOPLE'S REPUBLIC OF CHINA**
2. Consignee（full name, address, country）	
3. Means of transport and route	5. For certifying authority use only
4. Country/region of destination	

6. Marks and numbers of packages	7. Description of goods；number and kind of packages	8. H. S. code	9. Quantity or weight	10. Number and date of invoices

11. Declaration by the exporter	12. Certification
The undersigned hereby declares that the above details and statements are correct；that all the goods were produced in China and that they comply with the Rules of Origin of the People's Republic of China.	It is hereby certified that the declaration by the exporter is correct.
.... Place and date, signature and stamp of authorized signatory	.... Place and date, signature and stamp of certifying authority

操作四:投保单和保险单

1.训练资料

(1)销售合同(S/C NO.TXT264)(本章操作一)

(2)信用证(L/C NO.XT173)(本章操作一)

(3)补充资料

　　　投保单编号:TB083214

　　　保险单编号:XH043101984

2.训练要求

请以"单证员"身份,根据合同、信用证和补充资料的有关内容缮制投保单和保险单各一份。

中国人民保险公司上海分公司
出口运输险投保单

编号_____

兹将我处出口物资依照信用证规定拟向你处投保国外运输险计开:

被保险人　（中文） 　　　　　（英文）			过户	
标记及发票号码	件数	物　资　名　称		保险金额
运输工具 及转载工具		约 于　　年　月　日启运		赔款偿付地点
运输路程	自　上海　经　　到		转载 地点	
投保险别		投保单位签章		
		年　　月　　日		

中国人民保险公司
THE PEOPLE'S INSURANCE COMPANY OF CHINA

总公司设于北京　　　　一九四九年创立

Head Office：BEIJING　　　Established in 1949

保　险　单
INSURANCE POLICY

保险单次号次

POLICY NO.

中国人民保险公司(以下简称本公司)根据被保险人的要求,由被保险人向本公司缴付约定的保险费,按照本保险单承保险别和背面所载条款与下列特款承保下述货物运输保险,特立本保险单。

THIS POLICY OF INSURANCE WITNESSES THAT PEOPLE'S INSURANCE OF CHINA (HEREINAFTER CALLED "THE COMPANY") AT THE REQUEST OF _____ (HEREINAFTER CALLED "THE INSURED") AND IN CONSIDERATION OF THE AGREED PREMIUM PAID TO THE COMPANY BY THE INSURED UNDERTAKES TO INSURE THE UNDERMENTIONED GOODS IN TRANSPORTATION SUBJECT TO THE CONDITIONS OF THIS POLICY. AS PER THIS CLAUSES PRINTED OVERLEAF AND OTHER SPECAL CLAUSES ATTACHED HEREON.

标　记 MARK & NOS.	保险及数量 QUANTITY	保险货物项目 DESCRIPTION OF GOODS	保险金额 AMOUNT INSURED

保险金额:

TOTAL AMOUNT INSURED:_____

保　费　　　　　　　费　率　　　装载运输工具

PREMIUM:AS ARRANGED　RATE:AS ARRANGED　PER CONVEYANCE S.S. _____

开航日期　　　　　　　　　自　　　　　　　　至

SLG. IN OR ABT. _____　FROM _____　TO _____

承保险别:

CONDITIONS:_____

所保货物,如遇出险,本公司凭保险单及其他有关证件给付赔偿。所保货物,如果发生本保险单项下负责赔偿的损失或事故,应立即通知本公司下属代理人查勘。

CLAIMS IF ANY PAYABLE ON SURRENDER OF THIS POLICY TO GATHER WITH OTHER RELEVANT EVENT DOCUMENTS IN THE EVENT OF ACCIDENT WHEREBY LOSS OR DAMAGE MAY RESULT IN A CLAIM UNDER THIS POLICY IMMEDIATE NOTICE APPLYING FOR SURVEY MUST BE GIVEN TO THE COMPANY'S AGENT AS MENTIONED HEREUNDER

中国人民保险公司上海分公司

THE PEOPLE'S INSURANCE SHANGHAI BRANCH

赔偿地点
CLAIM PAYABLE AT _____
日期
DATE _____
地址：中国上海中山东一路23号 TEL：323405 3217464－44 TELEX：33128 PICCS SN.
Address：23 Zhongshan Dong Yi Road Shanghai, China Cable 42001 Shanghai

General manager

第十一章　出口货物报检单、报关单、装运通知和商业汇票的缮制

一、本章概要

第一节阐述了出口商品检验检疫证书的含义、种类与作用,介绍了报检单和检验检疫证书的主要内容,以及检验检疫证书的申请程序,重点突出了以合同或信用证为依据的缮制方法,并以实样示例。

第二节阐述了出口货物报关单的含义、种类及其作用,介绍了出口货物报关单的主要内容和办理出口报关业务的基本程序及要求。同时,根据有关规定,详细说明了出口货物报关单的缮制方法,并以实样示例。

第三节阐述了装运通知的含义、作用和主要内容,介绍了根据合同或信用证要求制作装运通知的缮制方法,并以实样示例。

第四节阐述了商业汇票的含义与作用,详细介绍了商业汇票的必要项目、主要内容和样式,以及根据合同或信用证要求的制作方法,并以实样示例。

二、本章学习要求提示

（一）本章重点

1. 在以电汇为支付方式的条件下,必须按照销售合同的规定制单。单证的内容要做到正确、简洁,排列要行次整齐,重点项目要突出醒目,单据的种类及份数应根据实际业务的需要出具。在实际业务中,出口商为了避免结汇风险,如为航空运输,出口商通常要进口商先电汇预付货款;如果是海运方式,出口商先将海运提单据用传真发送至买方,证明货物已装船,要求买方确认货物装运后,办理电汇支付手续。

2. 在以托收为支付方式条件下,出口方需承担较大风险,应采用付款交单方式,并争取以 CIF 或 CIP 条件成交。如果为 CFR 或 FOB 交易条件,可由我方另行加保卖方利益险,当买方未投保或不付款赎单时,我方可向保险公司索赔。同时,应严格按照出口合同规定的条件装运货物并制作单据,运输单据一般作指示性抬头和空白背书,如以代收行为抬头,应先与该银行联系确定。对于资信欠佳和诚信程度缺乏了解的客户,应采用部分付款交单托收和部分信用证相结合的支付方式,以确保货款的收汇安全。

（二）本章学习要求

1. 识记出境货物报检单、商品检验检疫证书、出口货物报关单、装运通知和商业汇票的内容。

2. 熟悉商品检验检疫证书的种类、作用、报检业务的程序和报检单的缮制方法;熟悉出口货物报关单的主要内容、种类、作用、报关业务的程序和缮制报关单的方法,以及应注意的问题;熟悉装运通知的主要内容、作用,以及制单时应注意的问题;熟悉商业汇票的主要内容

和缮制方法。

3. 掌握在电汇支付条件下,根据贸易合同条款制作全套结汇单据的技能;在托收支付条件下,根据贸易合同条款制作全套结汇单据的技能;在以电汇与托收结合支付条件下,根据贸易合同条款制作全套结汇单据的技能;在信用证支付条件下,根据信用证条款制作全套结汇单据的技能。

三、同步练习

(一)判断改错题(先判断对错,错误的加以改正)

(　　)1. 汇付是付款人主动通过银行或其他途径将款项交收款人的一种支付方式,所以属于商业信用证,而托收通常称为银行托收,因而它属于银行信用。

改正:＿＿＿＿＿＿＿＿＿＿＿＿＿＿＿＿＿＿＿＿＿＿＿＿＿＿

(　　)2. 出口商采用 D/A 30 天比采用 D/P 30 天承担的风险要大。

改正:＿＿＿＿＿＿＿＿＿＿＿＿＿＿＿＿＿＿＿＿＿＿＿＿＿＿

(　　)3. 信用证是一种银行开立的无条件承诺付款的书面文件。

改正:＿＿＿＿＿＿＿＿＿＿＿＿＿＿＿＿＿＿＿＿＿＿＿＿＿＿

(　　)4. 汇票经背书后,使汇票的收款权利转让给被背书人,被背书人若日后遭到拒付可向前手行使追索权。

改正:＿＿＿＿＿＿＿＿＿＿＿＿＿＿＿＿＿＿＿＿＿＿＿＿＿＿

(　　)5. 远期汇票在付款人承兑之前,汇票的主债务人是出票人。

改正:＿＿＿＿＿＿＿＿＿＿＿＿＿＿＿＿＿＿＿＿＿＿＿＿＿＿

(　　)6. 商业汇票是由非银行签发的汇票,所以其付款人必须是非银行。

改正:＿＿＿＿＿＿＿＿＿＿＿＿＿＿＿＿＿＿＿＿＿＿＿＿＿＿

(　　)7. 光票上附有发票,因此是跟单汇票。

改正:＿＿＿＿＿＿＿＿＿＿＿＿＿＿＿＿＿＿＿＿＿＿＿＿＿＿

(　　)8. 我国《票据法》第43条中明确规定,承兑附有条件的,视为拒绝承兑。

改正:＿＿＿＿＿＿＿＿＿＿＿＿＿＿＿＿＿＿＿＿＿＿＿＿＿＿

(　　)9. 某出口企业开给进口商的汇票抬头上填入"仅付上海进出口贸易公司"。该汇票的持有人可以通过背书转让获取汇票金额。

改正:＿＿＿＿＿＿＿＿＿＿＿＿＿＿＿＿＿＿＿＿＿＿＿＿＿＿

(二)单项选择题

(　　)1. 汇票的收款人有三种填写方式,根据我国票据法的规定,其中凡签发＿＿＿＿＿＿＿的汇票无效。

A. 限制性抬头　　　　　　　　B. 指示性抬头

C. 持票人或来人抬头　　　　　D. 记名抬头

(　　)2. 承兑是指汇票付款人承诺对远期汇票承担到期付款责任的行为。我国《票据法》规定,自收到提示承兑汇票之日起＿＿＿＿＿＿＿内,付款人须作出承兑。

A. 3 日　　　　B. 4 日　　　　C. 5 日　　　　D. 6 日

（　）3. 凡做成限制性背书的汇票,只能由_____凭票取款。

    A. 其他背书人   B. 指定的背书人

    C. 银行   D. 买方

（　）4. 如果其他条件相同,_____的远期汇票对收款人最为有利。

    A. 出票后 30 天付款   B. 提单签发日后 30 天付款

    C. 见票后 30 天付款   D. 货到目的港后 30 天付款

（　）5. 托收是出口方根据合同规定装运货物后,开具汇票连同货运单据委托银行代向进口方收取货款的一种方式。在国际贸易的货款结算中,通常采用_____。

    A. 跟单托收   B. 光票托收   C. 即期付款交单   D. 远期付款交单

（　）6. 汇票的票据行为有出票、背书、承兑、保证、提示、追索和付款等,其中_____是主要票据行为。

    A. 出票   B. 付款   C. 承兑   D. 背书

（　）7. 我国《票据法》第 41 条规定,付款人应当自收到承兑的汇票之日起_____内承兑或拒绝承兑。

    A. 一天   B. 两天   C. 三天   D. 四天

（三）多项选择题

（　）1. 汇票背书的方式主要有_____。

    A. 限制性背书   B. 指示性背书   C. 空白背书   D. 记名背书

（　）2. 在实际业务中,远期汇票付款时间的规定办法有_____。

    A. 见票后若干天付款   B. 出票后若干天付款

    C. 提单签发日后若干天付款   D. 指定日期付款

（　）3. 国际贸易的货款结算可采用多种支付方式,其中建立在商业信用基础上的是_____。

    A. 汇付   B. 托收   C. 信用证   D. 备用信用证

（　）4. 出票是指出票人签发汇票并将其交付给收款人的行为,通常在收款人一栏中有三种填写方式,即_____。

    A. 记名抬头   B. 持票人或来人抬头

    C. 限制性抬头   D. 指示性抬头

（　）5. 汇付是指付款人主动通过银行或其他途径将款项汇交收款人,其方式有_____。

    A. 电汇   B. 托收   C. 票汇   D. 信汇

（　）6. 采用托收方式时,应特别注意的问题有_____。

    A. 考虑进口方的资信情况

    B. 国外代收行一般不能由进口方指定

    C. 应采用 CIF 或 CIP 贸易术语

    D. 不宜对贸易管制和外汇管制较严的国家

（　）7. 我国票据法规定汇票必须记载的事项,除了标明"汇票"字样、无条件支付委托和确定的金额以外,还有_____,如未记载上述规定事项之一的汇票,无效。

    A. 付款人名称   B. 收款人名称

C. 出票日期　　　　　　　　　　　D. 出票人签字

（　　）8. 票据的概念有广义和狭义之分。狭义的票据仅指资金票据,主要有_____。

A. 汇付　　　　B. 汇票　　　　C. 本票　　　　D. 支票

（　　）9. 票据具备了_____特性,才能减少票据纠纷,保证票据的顺利流通,才能更好地发挥票据在经济活动中的汇兑、支付工具和信用工具的功能。

A. 流通性　　　　B. 无因性　　　　C. 要式性　　　　D. 客观性

（　　）10.《日内瓦统一法》和我国《票据法》规定的汇票付款期限有_____。

A. 见票即付　　　　　　　　　　B. 定日付款

C. 出票后定期付款　　　　　　　D. 见票后定期付款

（　　）11. 汇票的基本当事人有_____。

A. 出票人　　　　B. 付款人　　　　C. 收款人　　　　D. 背书人

（　　）12. 国际货款结算的基本方式有_____。

A. 汇付　　　　B. 汇票　　　　C. 托收　　　　D. 信用证

（　　）13. 在跟单托收方式下,出口人和进口人可采用_____方式向银行获得资金融通。

A. 汇付　　　　B. 汇票　　　　C. 出口押汇　　　　D. 凭信托收据借单

（　　）14. 国际商会制订的有重要影响的规则主要有_____。

A.《国际贸易术语解释通则》　　　　B.《托收统一惯例》

C.《跟单信用证统一惯例》　　　　　D.《国际货物买卖合同公约》

（四）简答题

1. 简述本票与汇票的主要区别。

2. 简述支票与汇票的主要区别。

3. 简析出口贸易中采用托收方式时应注意哪些问题?

（五）案例分析

大连进出口贸易公司向日商出口大豆一批,支付方式为远期付款交单。货到目的港后,日商在汇票上进行承兑,并出具信托收据向代收行借单提货。当汇票到期时,该进口商因经营不善,无力偿还。

分析： 该损失应由谁承担，为什么？

（六）操作题

操作一：出境货物报检单的缮制

1. 训练资料

（1）销售合同（S/C NO. TXT264）（第十章操作一）

（2）信用证（L/C NO. XT173）（第十章操作一）

（3）补充资料

    证书编号：JY05052286

    集装箱规格与数量：1×20'

    报检单位登记号：1486987661

    货物存放地点：上海逸仙路500号

    用途：外贸自营内销

2. 训练要求

请根据合同、信用证和补充资料的有关内容缮制出境货物报检单一份。

中华人民共和国出入境检验检疫
出境货物报检单

报检单位（加盖公章）：　　　　　　　　　　　　　　　　编号：＿＿＿＿＿＿

报检单位登记号：　　　联系人：　　　电话：　　　报检日期：　年　月　日

发货人	（中文）					
	（外文）					
收货人	（中文）					
	（外文）					
货物名称（中/外文）	H.S.编码	产地	数/重量	货物总称	包装种类及数量	

运输工具名称号码			贸易方式		货物存放地点	
合同号			信用证号			用途
发货日期		输往国家（地区）		许可证/审批证		

启运地		到达口岸		生产单位注册号	
集装箱规格、数量及号码					

* 合同、信用证订立的检验检疫条款或特殊要求	标记及号码	随附单据(打"√"或补填)	
		□ 合同 □ 信用证 □ 发票 □ 换证凭证 □ 装箱单 □ 厂检单	□ 包装性能结果单 □ 许可/审批文件 □ □ □ □

需要证单名称(打"√"或补填)		* 检验检疫费	
□ 品质证书 ＿正＿副 □ 重量证书 ＿正＿副 □ 数量证书 ＿正＿副 □ 兽医卫生证书 ＿正＿副 □ 健康证书 ＿正＿副 □ 卫生证书 ＿正＿副 □ 动物卫生证书 ＿正＿副	□ 植物检疫证书 ＿正＿副 □ 熏蒸/消毒证书 ＿正＿副 □ 出境货物换证凭单 □ □ □ □	总金额 (人民币元)	
		计费人	
		收费人	

报检人郑重声明: 　1. 本人被授权报检。 　2. 上列填写内容正确属实,货物无伪造或冒用他人的厂名、标志、人证标志,并承担货物质量责任。 　　　　　　　　　　　签名:＿＿＿＿＿＿	* 领取证单	
	日期	
	签名	

注:有"＊"号栏由出入境检验检疫机关填写　　　　　　　◆国家出入境检验检疫局制

操作二:出口货物报关单

1. 训练资料

(1) 销售合同(S/C NO. TXT264)(第十章操作一)

(2) 信用证(L/C NO. XT173)(第十章操作一)

(3) 补充资料

　　海关编号:SH0328866451

　　境内货源地:苏州

　　生产厂家:苏州茶叶厂

　　运费:815 美元

　　保险费:984 美元

　　上海进出口贸易有限公司海关注册号:0387124666

2. 训练要求

请根据该信用证及其项下的提单等单证,缮制一份出口货物报关单。

中华人民共和国海关出口货物报关单

出口口岸	备案号		出口日期	申报日期
经营单位	运输方式		运输工具名称	提运单号
发货单位	贸易方式		征免性质	结汇方式
许可证号	运抵国（地区）		指运港	境内货源地
批准文号	成交方式	运费	保费	杂费
合同协议号	件数	包装种类	毛重（千克）	净重（千克）
集装箱号	随附单据			生产厂家
标记唛码及备注				

项号	商品编号	商品名称、规格型号	数量及单位	最终目的国（地区）	单价	总价	币制	征免
税费征收情况								

录入员 录入单位	兹声明以上声报无讹并承担法律责任	海关审单批注及放行日期（签章）	
报关员	申报单位（签章）	审单	审价
单位地址		征税	统计
邮编　电话　填制日期		查验	放行

操作三:装运通知

1. 训练资料

(1) 销售合同(S/C NO. TXT264)(第十章操作一)

(2) 信用证(L/C NO. XT173)(第十章操作一)

2. 训练要求

请以根据该信用证及其项下的提单等单证,缮制一份装运通知。

SHANGHAI IMPORT & EXPORT TRADE CORPORATION
i321 ZHONGSHAN ROAD SHANGHAI, CHINA
SHIPPING ADVICE

TEL:021 - 65788877

FAX:021 - 65788876

INV NO. _____

S/C NO. _____

L/C NO. _____

DATE: _____

MESSRS:

DEAR SIRS:

    WE HEREBY INFORM YOU THAT THE GOODS UNDER THE ABOVE MENTIONED CREDIT HAVE BEEN SHIPPED. THE DETAILS OF THE SHIPMENT ARE STATED BELOW.

SHIPPING MARKS

COMMODITY: _____

NUMBER OF CTNS: _____

TOTAL G. W: _____

OCEAN VESSEL: _____

DATE OF DEPARTURE: _____

B/L NO. _____

PORT OF LOADING: _____

DESTINATION: _____

SHANGHAI IMPORT & EXPORT TRADE CORPORATION

×××

操作四:商业汇票

1. 训练资料

(1) 销售合同(S/C NO. TXT264)(第十章操作一)

(2) 信用证(L/C NO. XT173)(第十章操作一)

(3) 补充资料(第十章操作二)

2. 训练要求

请以"单证员"身份,根据合同、信用证和补充资料的有关内容制作信用证项下的汇票一份。

No. _____

For [ ]   **BILL OF EXCHANGE**   Date:_____

At _____ sight of this SECOND BILL of EXCHANGE (first of the same tenor and date unpaid) pay to the order of _____ the sum of

Drawn under _____

L/C No. _____ Date _____

To _____

_____

第十二章　进口贸易单证的制作

一、本章概要

本章主要讲述进口贸易单证的制作。本章分三部分：第一，进口订货卡片；第二，开证申请书，主要讲述开证时应注意的问题、开立信用证的具体手续、信用证申请书的缮制；第三，进口到货单证，包括保险单证、进口货物报检单和进口货物报关单。

第一节重点阐述了进口订货卡片的内容及如何缮制。进口许可证是国家管理货物进口的法律凭证。进口订货卡片是用货部门根据国务院或地方批准的进口计划提出的进口订货申请书，送有关进出口公司以便办理进口。

第二节介绍了开立信用证时应注意的问题、开立信用证的具体手续、信用证申请书的缮制。

第三节介绍了进口到货单证，主要包括进口货物报关单和保险单两种单证。本节主要讲述这两种单证如何填制。

二、本章学习要求提示

（一）本章学习重点

1. 在以信用证方式支付的进口贸易实务中，开立信用证是履行进口合同的第一步，是进口业务的重要环节，进口方必须按合同规定及时开立信用证。开证时应注意的问题、开立信用证的具体手续、信用证申请书的缮制是要求学生认真学习和必须掌握的重点。

2. 进口货物报关单如何填制是要求学生掌握的另一个重点。

（二）本章学习要求

1. 了解进口订货卡片的含义、进口订货卡片的内容及如何缮制。
2. 识记开证申请书的具体手续、信用证的具体手续。
3. 领会开立信用证时应注意的问题，进口货物报关单和保险单两种单证以及这两种单证的填制方法。

三、同步练习

（一）名词解释

1. 进口订货卡片

2. 开证申请书

3. 预约保险

4. 逐笔保险

5. 进口货物报关单

（二）填空题

1. 进口订货卡片是用货部门根据国务院或地方批准的进口计划提出的_____，送有关进出口公司以便办理进口。

2. 进口订货卡片内容包括_____、_____、_____、_____、生产国别、_____、要求到货时间、目的港或目的地等项目。

3. 国外出口商收到信用证后，如提出修改请求，经进口企业同意后，即可向_____办理改证手续，这是进口合同得以履行的保证。

4. 进口到货单证是出口商将货物运抵进口地目的港或目的地后，向进口商或进口地海关提交的有关货物到货的证件。一般主要包括_____和_____两种单证。

5. 通常的专业外贸进出口公司（或总公司），同保险公司签有_____，按此协议规定所有按 FOB 或 CFR 等价格条件进口货物的保险，都由保险公司承保。

6. 我国海关对进出口货物具有监管权力，履行_____、_____、_____、_____四项职能。

7. 进口货物到货后，由进口企业或委托运输公司根据进口商务单据填具"进口货物报关单"并随附_____、_____、_____等有关单证，在海关规定的申报期限内，向海关办理进口通关手续。

8. 信用证的内容应与合同条款相一致。货物的_____、_____、交货期、_____、_____和_____等，均应以合同为依据。

9. 信用证的特点之一是_____。因此进口方在申请开证时，必须列明需要_____提供的各项单据及份数，并对单据的内容提出具体要求。

10. 我国银行一般不开可转让信用证，而有时实际供货人不是信用证的受益人，而是另一厂商。在这种情况下，可以在特别条款中注明"_____"。

（三）判断改错题（先判断对错，错误的加以改正）

( )1. 进口企业应按合同规定的开证时间和方式开立信用证；如合同未规定开证期限的，则开证时间应以国内进口商在收到信用证后能在规定的装运期限内出运为原则。

改正：_____

( )2. 在修改信用证时，必须向银行提交修改申请书，加盖进口单位公章，其内容包括所要修改的信用证号码、合同号码、修改次数及修改内容。如因出口商提出修改要求，我方应在修改申请书上说明修改费用由进口商负担。

改正：_____

( )3. 当进口商接到国外出口商发来的发货通知后，必须立即到专业外贸公司办理保险手续。

改正：_____

( )4. 报关单海关编号为10位数码，由各直属海关统一管理。

改正：_____

( )5. 进口订货卡片是进口业务的首要环节，是专业外贸公司凭以对外签订合约的基础。

改正：_____

( )6. 办理进口业务的部门收到订货卡片后，应根据平时积累的资料和当时的市场情况，对订货卡片的各项内容进行认真审核，必要时可对商品的牌号、规格和进口国别、厂家等提出修改建议，无需经用货部门同意就能变动。

改正：_____

( )7. 信用证是一个独立的文件，不依附于买卖合同，相关银行不受买卖合同约束。

改正：_____

( )8. 信用证正本由开证银行寄往国外出口商所在地的某一银行通知给出口商，副本交给出口企业作为审核备查之用。

改正：_____

( )9. 信用证的有效期通常掌握在装运期后10天到期，到期地点一般在议付地。

改正：_____

( )10. 信用证金额填写合同规定的总值，用数字形式表示并注明币别。

改正：_____

（四）单项选择题

( )1. 保险单证是保险公司和投保人之间的保险合同，也是保险公司对_____的承保证明，一旦货物发生损失，保险单证是保险公司决定承保与否的重要依据。
A. 投保人　　　　B. 承保人　　　　C. 两者皆是　　　　D. 两者皆不是

( )2. 在以信用证方式支付的进口贸易实务中，_____是履行进口合同的第一步，是进口业务的重要环节，进口方必须按合同规定及时开立信用证。
A. 开立信用证　　B. 修改信用证　　C. 签发汇票　　　　D. 办理保险

( )3. 一般而言，如合同规定有装运期起止的时间，最迟应使国外出口商在装运期的_____就能收到信用证。

A. 前一天　　　　　B. 第一天　　　　　C. 第二天　　　　　D. 以上都可

(　　)4. 各银行出示的申请书格式不尽相同,但主要内容基本上相同,都包括两个部分:第一部分是信用证的内容,也是开证银行凭以向_____付款的依据。

A. 进口商　　　　　　　　　　　　B. 专业外贸公司

C. 国外出口商　　　　　　　　　　D. 以上都可

(　　)5. 信用证编号(L/C No.)由_____编列。

A. 进口商　　　　　B. 专业外贸公司　　C. 国外出口商　　D. 开证银行

(　　)6. 信用证项下汇票的付款人必须是_____或其指定的付款行,不能填写开证申请人。

A. 进口商　　　　　　　　　　　　B. 专业外贸公司

C. 国外出口商　　　　　　　　　　D. 开证行

(　　)7. 开证申请书反面声明如申请书字迹不清或词义含混而引起的后果由_____负责。

A. 申请人　　　　　　　　　　　　B. 专业外贸公司

C. 国外出口商　　　　　　　　　　D. 开证银行

(　　)8. 在我国进口贸易中,一般都以 FOB 或 CFR 等价格条件对外成交,在这种情况下,由_____办理保险。

A. 我方　　　　　B. 专业外贸公司　　C. 国外出口商　　D. 开证行

(　　)9. 如果进出口公司没有和保险公司签订预约保险合同,则需要对进口货物逐笔投保。当进口商接到_____发来的发货通知后,必须立即到保险公司办理保险手续。

A. 申请人　　　　　B. 专业外贸公司　　C. 国外出口商　　D. 开证行

(　　)10. 报关单录入凭单的编号规则由_____自行决定。

A. 申请单位　　　　B. 专业外贸公司　　C. 国外出口商　　D. 海关

（五）多项选择题

(　　)1. 保险单一般需载明的主要内容有_____。

A. 当事人的姓名及其住址,保险标的物

B. 保险风险及事故的种类,保险责任终止的日期、时间及保险期限

C. 保险金额,保险费

D. 开立保险单的日期和地点,保险人签章

(　　)2. 海关以_____等为依据,对进口货物进行实际的核对和查验,以确保货物的合法进口。

A. 报关单　　　　　B. 进口许可证　　　C. 保险单　　　　　D. 出口许可证

(　　)3. 进口公司接受用货部门委托和收到进口订货卡片后,进行认真的审核。审核的要点是_____。

A. 商品的各项规定性是否正确。如品名的中英文是否准确,规格是否清楚,用途是否适当,数量是否符合规定

B. 外汇来源和外汇金额是否有保障

C. 进口项目是否符合现行的进口政策原则,审批手续是否完整

D. 进口国别、装运港等是否符合我国的对外政策

( )4. 开证申请书反面声明该信用证及其项下业务往来函电及单据如因邮电或其他方式传递过程中发生_____等,银行概不负责。

    A. 遗失   B. 延误   C. 错漏   D. 银行员工疏忽

( )5. 进口商品检查分为_____。

    A. 法定商品检验   B. 非法定检验   C. 定期检验   D. 不定期检验

(六) 简答题

1. 进口订货卡片在缮制时需要注意什么问题?

2. 开立信用证的具体手续有哪些?

3. 进口货物报关单中申报单位一栏如何填写?

4. 简述对进口商品报验时间及地点的规定。

(七) 案例分析

2017年1月20日,香港甲公司和内地乙公司在签订合同时,双方约定乙公司向甲公司购买韩国生产的手机零配件,并就价格问题达成一致意见。合同的总金额为8万美元,最迟不应晚于2月10日发运。甲公司对产品的质量保证期为货物到达目的地后12个月。2月7日,甲公司向乙公司提供合同规定的产品。

2月20日,货到后乙公司请检验公司进行了检验,出具了检验证明。2018年3月25日,

乙公司在使用过程中,发现部分产品有质量问题,致函甲公司,要求换货,如不能换货,则要求退货,并要求甲公司承担有关费用损失。甲公司回函称,乙公司在货物入库前已详细检查、核对,且已投入使用,因而拒绝赔偿。

由于乙公司对合同项下的货物的品质存在异议,2018年4月2日,即在收货13个月后,自行将合同项下的货物送交中国商品检验机构检验。检验机构出具的检验证书证明,该批货物有5项存在缺陷,发货前已存在,系制造不良所致。4月5日,乙公司据此提起仲裁,要求甲公司赔偿5万美元。甲公司认为,乙公司不能证明第二次送检的产品系交货时的产品,且第二次商检的时间已经超过索赔有效期,故商检证书不能产生效力。

分析:你对此案有什么看法?为什么?